高校信息化建设与管理丛书编委会

主　任　　梁　茜

副主任　　于俊清　王士贤　吴　驰　李战春
　　　　　　柳　斌　康　玲

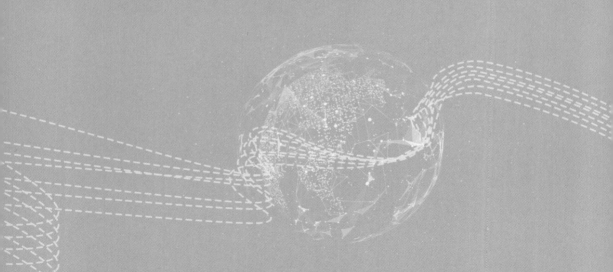

高校信息化建设与管理

于俊清 王士贤 吴驰 李战春 / 编著

编著者 （以姓氏笔画为序）

于俊清 王士贤 王景素 文坤梅 龙涛 刘洪
李战春 杨峻 吴驰 张雪梅 陈英 罗蔚
柳斌 康玲 熊鹰

华中科技大学出版社
http://www.hustp.com
中国·武汉

内 容 提 要

本书对高校信息化建设与管理工作中的共性问题进行了提炼分析，涵盖了高校信息化建设的各个方面。全书分为绪论、体制与机制、目标与规划、制度与规范、队伍建设、经费与项目管理、信息系统建设管理、基础数据管理、网络安全管理、应急体系建设和用户服务管理共十一章，每章试图从理论和实践两个方面入手进行阐述，既有相关的背景和理论分析，也有具体的实践过程和案例分享，尽可能为大家提供更多有价值的材料。

图书在版编目(CIP)数据

高校信息化建设与管理.管理篇/于俊清等编著.—武汉：华中科技大学出版社，2021.2
（2022.2 重印）
ISBN 978-7-5680-6803-1

Ⅰ.①高…　Ⅱ.①于…　Ⅲ.①高等学校-信息化建设-研究-中国　Ⅳ.①G649.2

中国版本图书馆 CIP 数据核字(2020)第 250236 号

高校信息化建设与管理——管理篇　　　　　　　　　于俊清　王士贤
Gaoxiao Xinxihua Jianshe yu Guanli——Guanli Pian　　吴　驰　李战春　编著

策划编辑：	徐晓琦
责任编辑：	徐晓琦　曾小玲
封面设计：	原色设计
责任校对：	刘　竣
责任监印：	徐　露
出版发行：	华中科技大学出版社（中国·武汉）　电　话：(027)81321913
	武汉市东湖新技术开发区华工科技园　邮　编：430223
录　　排：	武汉正风天下文化发展有限公司
印　　刷：	武汉科源印刷设计有限公司
开　　本：	710mm×1000mm　1/16
印　　张：	12.5　插页：2
字　　数：	231 千字
版　　次：	2022 年 2 月第 1 版第 4 次印刷
定　　价：	48.00 元

本书若有印装质量问题，请向出版社营销中心调换
全国免费服务热线：400-6679-118　竭诚为您服务
版权所有　侵权必究

序

20世纪后50年,人类最重大的技术发明之一是互联网。特别是近30年来,互联网在全球连接了数以几十亿计的各种各样的计算机终端(大到超级计算机系统,小到手机和各种传感器),以及在此基础上开发的不计其数的大规模应用,更成为人类除陆、海、空、天之外越来越赖以生存的第五疆域——网络空间的最重要基础设施,推动着人类社会在各方面的发展和进步。2020年以来的全球新冠肺炎疫情防控,如果没有互联网的支撑,后果真是不可想象。

党的十八大以来,以习近平同志为核心的党中央,重视互联网、发展互联网、治理互联网,统筹协调涉及政治、经济、文化、社会、军事等领域的网络安全和信息化重大问题,提出了"没有网络安全就没有国家安全,没有信息化就没有现代化"和"网络强国"等重要论述。随着IPv6下一代互联网的发展,互联网必将对我们的工作、学习和生活产生更加深远的影响。近些年来,国家"互联网+"行动计划推动互联网技术在各行各业广泛应用和深度融合,使得互联网在我国国民经济和社会发展中发挥着越来越重要的作用。"互联网+教育"就是一个重要的应用典范。

中国高等教育的信息化起始于20世纪80年代。从1994年开始,中国教育和科研计算机网(CERNET)把互联网逐步接入中国高校,中国高等教育迎来了互联网时代。从电子校园到网络校园,从数字校园到智慧校园,以互联网为依托的现代信息技术为高校教学、科研、管理和服务注入了新的活力,带来了革命性变化。尤其是面对2020年突如其来的新冠肺炎疫情,信息化在保障高校正常教学科研和管理运行方面发挥了极其重要的作用。《中国教育现代化2035》要求建设一体化智能化教学、管理与服务平台,推进管理精准化和决策科学化,对教育信息化提出了更高的要求。但是,目前中国高校信息化工作发展很不平衡,许多高校信息化工作还在被体制不顺、队伍不强、重视不够、经费不多,以及网络安全"压力山大"等问题困扰,在日新月异的信息化新技术上也面临着难以选择的困境,高校信息化工作者急需通过交流与合作不断提升、共同进步。

近些年来,华中科技大学高度重视学校网络安全和信息化建设管理工作,经过不断开拓创新和努力工作,闯出了一条适合自己、特色明显的高校网络安全和信息化工作路子。他们将这些网络安全和信息化建设管理工作的实践经验总结提高,编写成这套丛书,分为管理篇、技术篇和制度篇,其思路清晰、内容翔实、分析到位、制度明确,对高校信息化工作者有很强的借鉴意义。我觉得这种交流和分享的形式很值得推广与借鉴,也希望更多的高校信息化工作者能够参与其中,提出更深层次的问题,开展更加充分的交流,推动更加广泛的合作,共同把高校的网络安全和信息化工作推向一个新的高度!

吴建平

清华大学

2021 年 2 月 18 日

前　言

新时代高校信息化工作的主要矛盾是师生日益增长的优质安全的信息服务需要与信息化发展不平衡、不充分之间的矛盾。矛盾产生的主要原因是长期以来我国高等教育信息化人才队伍短缺,缺少顶层设计,成熟可用的标准、规范和产品相对缺乏,导致学校和学校之间、部门和部门之间、系统和系统之间的信息化程度参差不齐,发展极不平衡。高校的信息化工作面对很多困难和挑战,如信息技术人才竞争激烈,教育信息化产品成熟度不高,网络与信息安全形势严峻,信息技术发展迅速、产品更新换代频繁等;但同时也迎来了前所未有的机遇,如国家高度重视信息化工作,习近平总书记提出了"没有网络安全就没有国家安全,没有信息化就没有现代化"的重要论述,信息技术日益成熟,学校及师生对信息化需求强烈。

对高校信息化同仁来说,这是一个最好的时代。《中国教育现代化 2035》颁布,《教育信息化 2.0 行动计划》出台,国家从未如此重视教育信息化工作;信息技术日新月异,为信息化提供了非常丰富的技术实现手段;师生信息化素养全面提升,对信息化前景表现出前所未有的支持、渴望和期盼,高校信息化迎来了新的春天！对高校信息化同仁来说,这又是一个充满挑战的时代。压在高校信息化同仁们身上的"经费、人员和安全"这"三座大山"似乎依然存在;信息化部门属于学校边缘化部门的现实仍未改变;跟随迅速发展的技术让人越来越吃力;关键基础信息设施,如等保 2.0,其安全要求不断提高,安全形势日益严峻……这些都让信息化同仁们感受到了前所未有的压力。

近几年来,华中科技大学不断探索信息化体制机制改革,加大投入力度,加快队伍建设,补了一些"数字校园"建设的历史欠账,逐步迈入"智慧校园"建设时代,信息化建设逐步走入快车道,做出了一点自己的特色。数十所兄弟高校前来交流,我校秉持着"知无不言,言无不尽"的理念与各所高校倾心交流,畅谈信息化中遇到的各种问题,以及信息化工作中的酸甜苦辣。但交流时间毕竟有限,内容无法全面展开,每次均意犹未尽。我们想,能否把大家在工作中遇到的共性问题进行提炼分析,形成材料,让更多的同仁们参考,让大家少走弯路。因此,有了出版本书的想法。

本书分为绪论、体制与机制、目标与规划、制度与规范、队伍建设、经费与项目管理、信息系统建设管理、基础数据管理、网络安全管理、应急体系建设和用户服务管理共十一章，每章试图从理论和实践两个方面入手进行阐述，既有相关的背景和理论分析，也有具体的实践过程和案例分享，尽可能为大家提供更多有价值的材料。

本书由于俊清、王士贤、吴驰和李战春负责策划和统稿。第1、2、3章由王士贤和于俊清撰写；第4章由陈英和王士贤撰写；第5章由王士贤、吴驰、柳斌和于俊清撰写；第6章由刘洪和王士贤撰写；第7章由吴驰撰写；第8章由吴驰、陈英、罗蔚和杨峻撰写；第9章由文坤梅和吴驰撰写；第10章由李战春和于俊清撰写；第11章由张雪梅、王景素和熊鹰撰写。本书的撰写得到了华中科技大学网络与信息化办公室、网络与计算中心许多同事的关心和帮助，同时，华中科技大学出版社对本书的出版给予了大力支持，借此机会向参与本书编辑出版的全体同志表示深深的谢意。

由于水平及能力所限，时间仓促，书中难免存在考虑不周甚至错误的地方，希望同仁们不吝批评指正。

本书编委会
2021年2月

目 录

1 绪论 ·· 1
 1.1 国家高度重视网络安全和信息化工作 ······························· 3
 1.2 困难与挑战 ·· 3
 1.3 对信息化的再认识 ·· 6
 1.4 机遇与优势 ·· 10
 1.5 破局若干策略 ·· 11
 1.6 结语 ·· 19

2 体制与机制 ··· 21
 2.1 信息化体制演化 ·· 23
 2.2 CIO体制，一直在路上 ··· 24
 2.3 能人体制，向前辈们致敬 ··· 27
 2.4 大包大揽制，需要强大的技术队伍支撑 ····························· 29
 2.5 什么体制是最理想的体制？ ··· 30
 2.6 华中科技大学的信息化管理体制 ··· 33
 2.7 华中科技大学信息化运行机制 ··· 36
 2.8 结语 ·· 39

3 目标与规划 ··· 41
 3.1 信息化规划的定义和内涵 ··· 43
 3.2 信息化规划的意义 ··· 43
 3.3 信息化规划的制定方法 ··· 44
 3.4 信息化规划的要点 ··· 47
 3.5 信息化规划应注意的问题 ··· 49
 3.6 信息化规划的实施 ··· 51
 3.7 华中科技大学"十三五"信息化发展规划 ························· 52
 3.8 结语 ·· 55

4 制度与规范 ... 57
4.1 制度与规范的必要性 ... 59
4.2 规章制度分类 ... 60
4.3 文件基本结构 ... 63
4.4 出台流程 ... 66
4.5 华中科技大学信息化规章制度建设实践 ... 68
4.6 结语 ... 69

5 队伍建设 ... 71
5.1 管理队伍 ... 73
5.2 技术队伍 ... 82
5.3 服务队伍 ... 88
5.4 应用队伍 ... 89
5.5 结语 ... 90

6 经费与项目管理 ... 91
6.1 总体思路 ... 93
6.2 确定需求 ... 93
6.3 项目入库 ... 95
6.4 项目申报 ... 95
6.5 项目论证 ... 99
6.6 建设管理 ... 101
6.7 经验探讨 ... 109
6.8 结语 ... 112

7 信息系统建设管理 ... 113
7.1 信息系统 ... 115
7.2 复杂性分析 ... 116
7.3 主要模式 ... 117
7.4 主要方法及实践 ... 119
7.5 结语 ... 123

8 基础数据管理 ... 125
8.1 基础数据管理方法 ... 127

8.2　机构与人员编码 …………………………………………………… 131
　　8.3　学生基本信息管理 ………………………………………………… 137
　　8.4　学生注册管理 ……………………………………………………… 140
　　8.5　结语 ………………………………………………………………… 144

9　网络安全管理 ………………………………………………………………… 147
　　9.1　网络安全形势分析 ………………………………………………… 149
　　9.2　网络安全与网络安全管理 ………………………………………… 151
　　9.3　网络安全管理常见问题解决方法 ………………………………… 151
　　9.4　基于闭环的网络安全管理模式 …………………………………… 158
　　9.5　结语 ………………………………………………………………… 159

10　应急体系建设 ……………………………………………………………… 161
　　10.1　海恩法则 …………………………………………………………… 163
　　10.2　应急体系与应急管理 ……………………………………………… 164
　　10.3　管理全覆盖,预案强操作 ………………………………………… 165
　　10.4　层层落实安全责任 ………………………………………………… 169
　　10.5　明确风险隐患,精准施策 ………………………………………… 170
　　10.6　定期检查,及早发现安全隐患 …………………………………… 172
　　10.7　加强演练,提高应急处置能力 …………………………………… 172
　　10.8　加强安全教育,强化责任担当 …………………………………… 174
　　10.9　结语 ………………………………………………………………… 174

11　用户服务管理 ……………………………………………………………… 177
　　11.1　"以用户为中心"的服务理念 …………………………………… 179
　　11.2　基于 ITIL 的 IT 服务管理系统 …………………………………… 180
　　11.3　呼叫中心建设 ……………………………………………………… 183
　　11.4　服务流程规范化管理 ……………………………………………… 186
　　11.5　信息收集渠道与处置 ……………………………………………… 187
　　11.6　服务宣传 …………………………………………………………… 188
　　11.7　结语 ………………………………………………………………… 190

后记 ………………………………………………………………………………… 191

1 绪论

"没有网络安全就没有国家安全,没有信息化就没有现代化。""网络安全与信息化是一体之两翼、驱动之双轮,必须统一谋划、统一部署、统一推进、统一实施。"在新的时代,网络安全和信息化被提升到前所未有的高度。党的十八大以来,教育信息化取得了前所未有的快速发展,实现了从 1.0 到 2.0 的转段升级,对教育改革发展的"革命性影响"初见端倪。

1.1 国家高度重视网络安全和信息化工作

2014 年 2 月 27 日,中央网络安全和信息化领导小组成立,习近平总书记任组长,2018 年领导小组改为中央网络安全和信息化委员会。习近平总书记作了"没有网络安全就没有国家安全,没有信息化就没有现代化""网信事业要发展必须贯彻以人民为中心的发展思想""提升广大人民群众在网络空间的获得感幸福感安全感""自主创新推进网络强国建设"等重要论述,成为全国网络安全和信息化工作最为重要的指引,国家网络安全和信息化工作进入新时代。国务院印发了一系列关于"互联网+政务服务"的重要文件,促进政府利用互联网技术提高治理能力和服务能力。教育部也成立了以教育部部长担任组长的教育部网络安全和信息化领导小组,先后出台《教育信息化十年发展规划(2011—2020 年)》《中国教育现代化 2035》《教育信息化 2.0 行动计划》等重要文件。国家和教育部门对信息化的重视程度前所未有。

没有教育信息化就没有教育现代化,信息化已经逐步成为变革教育体系、提升教育品质的内生变量。全面推动信息技术与教育教学深度融合,促进结构重组、流程再造、文化重构,构建人本、开放、平等、可持续的教育新生态,建立网络化、数字化、智能化、个性化、终身化的教育体系,以教育信息化支撑引领教育现代化,是新时代我国高等教育改革发展的战略选择,对于构建教育强国和人力资源强国,实现中华民族伟大复兴的中国梦具有重要意义[1]。

1.2 困难与挑战

当前,信息技术尤其是互联网技术发展十分迅速,正如马云在一次演讲中所说:"很多人还没搞清楚什么是 PC 互联网,移动互联来了,我们还没搞清楚移动互联的时候,大数据时代又来了。"有的高校迅速抓住了机遇,信息化进展顺利,但仍有很多高校信息化部门还陷在争取经费、部门协调、堵塞漏洞等各种泥淖之中,甚至发现自己的某个系统刚刚上线就有些落后了,因为又有更新、更高级的技术出现了;此外,高校信息化部门还要面对师生和领导对信息化的高期望。因此,信息化同仁们常常感到异常焦虑,总是在不停追赶的路上,希望能够找到一举成功的良策。信息化成功的高校各有各的招数,但不成功的高校面临的困难大致相似。我们不妨首先梳理一下信息化部门面临的主要困境。

1. 重视不够

很多高校的信息化部门自认为在高校中属于弱势部门、边缘化部门,不但在人、财、物上得不到学校的重视和投入,信息化工作也难以列入学校的发展规划或工作要点,学校层面没有专门研究过信息化发展工作,或者有的高校只是在概念和口号上提了加强信息化建设,但实际行动少。信息化部门在高校一般为直属单位或教辅单位,有的还属于副处级,地位及话语权与组织部、人事处、财务处、教务处等核心职能部门无法相比,在预算分配、人员待遇、职称晋升、干部提拔等方面和其他部门也存在差距。

2. 经费不足

信息化建设必须有足够的经费支撑。近几年,有些高校信息化经费不再是主要问题,但仍有相当多的高校为经费所困。有的高校经费虽然有了,但由于经费性质等原因,并不好用。信息化经费来源主要包含两个方面,一是学校以校园"一卡通"名义和银行合作,获得信息化建设经费。但是很多高校的合作协议中仅规定了学校可以使用的额度,而学校信息中心采购设备和软件,需要向银行提交审核,甚至由银行采购,采购的设备或软件作为银行的固定资产。该类经费的最大问题是受制于银行,其周期长、自主性差,想要的设备和软件买不来。另外,与这种合作类似的是通过出让学校学生宿舍等区域的网络运营权和收费权,由运营商在收费中返还信息中心部分资金作为信息化发展基金。二是通过改善基本办学条件(原修购专项)、"双一流"或省市级专项获得一部分国拨、省拨经费的支持。能够拿到这种经费非常困难,但好处是设备采购周期短、流程简单,可以按照经费使用进度要求完成采购招标及建账流程。不过用这种经费来开发信息系统就存在一定的问题,由于影响信息系统尤其是业务相关的信息系统开发的因素较多,开发与职能部门的工作进度和管理等因素密切相关,往往建设周期较长,多数项目无法在经费限定的期限内完成开发并验收,如果提前支付开发费用会导致开发质量难以保证。除了以上两种经费来源外，还有一些可以使用网络收费的经费，但完全从学校财政中拿钱出来进行信息化建设的不多。

3. 人员不够

信息化除了需要大量经费外，也需要大量技术人员，尤其是高水平的技术人员。英美高校信息技术部门人数一般在200～500，按照人均服务100位师生的比例进行配置[2]。北京大学曾对66所世界著名高校（其中50所高校排名全球前100）的信息技术人员进行了调研，IT人员数在100人以下的只占28%，100人以上的占72%，甚至有6%的高校IT人员配置超过了400人，信息化人员的人均服务人数集中在200人以内[3]。按这个标准计算，师生规模为2万人左右的高校，信息中心的人员应该达到100人才算正常。而国内高校信息中心的人员普遍为十来个人，有的甚至更少。但是他们负责的内容包括网络、信息系统、网络安全甚至多媒体教室（智慧教室）、会议室的维护管理等，整日疲于应付广泛而繁杂的事情，难有所创新，以至于服务质量受到质疑。

近些年来，有些高校开始重视信息化工作，给信息中心增加了编制，但仍然存在着"引不进、升不上、留不住"的困境。当前，互联网企业对于高水平信息技术人才竞争白热化，推高了信息技术人才的待遇，高校的待遇显然无法和BAT等互联网公司的待遇相比，因此招聘技术人员，尤其是优秀的信息技术人员难度太大。另一方面，在大学里信息技术人员作为教辅人员，职称按照实验技术系列或工程系列进行评审。信息技术人员的主要工作属于公共服务，不承担具体的教学实验或科研实验任务，在职称评审中不占优势，长期解决不了待遇和职称问题，发展的空间受到限制，优秀的技术人员流失严重。

很多高校还存在现有技术人员老化、知识更新慢、能力跟不上等问题。

4. 推进不力

在学校内部，对于信息化如何建设，信息中心主任①甚至一般员工都有自己的想法，但这些想法仅仅停留在信息中心内部。由于专业性太强，信息中心人员往往不知道如何把专业的东西去向领导汇报，去和部门沟通，从而形成全校共识和学校意志。相关想法无法得到校领导以及其他部门领导的理解和认可，推动起来就会非常困难，想做的事情做不了，导致信息化建设人员总感到力不从心。

在学校外部，面向高校信息化的公司不少，但是，其产品优质且符合高校

---

① 本书中如未做特殊说明，信息中心主任泛指信息化管理部门或信息化技术部门的负责人。

实际,愿意投入并帮助高校解决实际问题的公司较少。招标时恶意竞争,低价中标;开工时丢一两个人到学校,一个需求确认要回公司后台走冗长的流程;业务都火烧眉毛了等着系统上线,却发现 BUG 还有一大堆;系统维护反应慢,甚至有些今年提出的改动需求要到第二年才能完成……信息中心的同仁们既要忙着协调校内各部门,准备环境,还要想着办法哄着公司、催着公司,和公司斗智斗勇,被弄得心力交瘁,导致信息化项目推动和进展缓慢,难以满足师生对信息化的高质量、高效率的追求。

当然,除了以上困难外,还会遇到体制不顺、空间不足等困难。只有充分认识这些困难,才能找到战胜困难的办法,走出困境。

1.3 对信息化的再认识

信息中心主任和同仁们长期从事信息化工作,对信息技术十分熟悉,但仅仅熟悉技术是不够的,我们不妨从信息技术的圈子里跳出来,通过以下问题重新认识一下信息化。

1. 都是体制的原因吗?

良好的信息化体制机制对于推进信息化发展具有十分重要的作用。信息化前辈们同样也面临体制机制问题,但他们都在自己的岗位上取得了不俗的成绩。必须承认,体制不顺不是阻碍信息化发展的唯一因素,我们需要思考如何在不顺畅的体制下把事情干出来。因此,信息中心主任要退一步来看,现在信息中心主任的手里还有点人、有点经费,要一边用"成功不必在我,成功必定有我"的积极心态,努力推动信息化体制机制改革;一边用心琢磨,善用巧劲,用手里掌握的有限资源,获取部分校领导和部门领导的支持,找准突破口,争取在某些方面做出成绩。有了受师生喜欢或获得部分领导尤其是主要领导认可的小成果,才会有良好的开端。

2. 真的是领导不重视吗?

高校的根本任务是立德树人,核心任务是人才培养、科学研究、社会服务、文化传承和国际交流。信息化始终是为高校完成这些任务做好技术支撑的,而信息化本身并非学校中心任务。如果希望校领导抛开根本任务不搞,去大搞特搞信息化,是不现实的。其实,技术发展到今天,领导都很重视信息化工作,只是重视程度不同。领导一定希望通过信息化手段增强学校核心竞争力,为学校的教学、科研、管理和服务提供技术支撑,为服务师生提供良好的技术手段。但由于信息化专业性较强,如何阐述或实现信息化的支撑作用并非易事。信息中心应该学会找准并解决领导和师生的痛点,让领导看到希望,给领导在相关场合为信息中心说话提供素材,要经常向领导汇报信息化相关工作,引起领导重视,让领导带领信息中心共同走向良性循环。

3. 信息化是不是一定就要革了谁的命?

《国家中长期教育改革和发展规划纲要(2010—2020年)》指出:"信息技术对教育发展具有革命性影响,必须予以高度重视。"《教育信息化十年发展规划(2011—2020年)》明确"探索信息化对教育改革和发展产生革命性影响的新思路、新方法与新机制。"在互联网时代,我们看到了互联网颠覆了很多传统行业。因此,我们在向领导汇报或者与职能部门谈工作时,也总是把"革命""颠覆"挂在嘴边。信息化的力量的确很强大,但是在高校环境中的提法却需要斟酌。华东师范大学信息化办公室主任沈富可教授在一次全国信息化论坛上讲到:"我们对其他职能部门,不宜提'革命''颠覆'等词,应该更多地提'革新''改进''优化''支撑'等"。这种认识非常有道理,信息化部门如果过于强调"革命",容易引起其他部门的恐慌和反感,尤其是具体到个人,可能会怕信息化影响到自己的职位,这对推进信息化工作反而形成阻碍。所以,信息化部门应该扎实做好服务,以实际行动支持各部门的信息化,潜移默化地影响各部门领导干部和员工的认识。

4. 和职能部门之间究竟是什么关系?

厘清信息化部门和校内职能部门之间的关系,无疑有助于推进信息化建设。信息中心主任们大多认为信息中心是学校最弱势、最边缘化的部门,很难与职能部门对话。尽管职能部门对信息化建设的热情很高,但他们普遍存在这样一种认识:信息化是信息化部门的事情,职能部门只需要提需求,至于系统的需求分析、方案设计、开发维护等都应该由信息化部门来做。信息中心主任要正确评估形势,明确信息化部门和职能部门之间不是甲方与乙方的关系,更不是上级与下级的部门关系,而是要塑造平等与相互支持的良好关系。信息中心主任应该顶住压力,想方设法和各部门密切协作,建设良好的"信息化生态",一起打造"信息化建设共同体",既要为职能部门提供合理优质的信息技术服务,尽量让他们满意;又要让他们充分参与信息化建设,让他们有更多的参与感和获得感,更重要的是通过共同合作让他们加深对信息化的认识。只提需求,不参与建设,相当于站在门外看;只有一起参与信息化项目的全流程建设，才会真正加深对信息化工作的理解，体会信息化建设的酸甜苦辣，从而更加支持信息化建设，让信息化部门和职能部门相依相存，成为真正的兄弟部门。当然信息化建设也不是撒手让各部门自由建设，信息化部门要甘愿做职能部门的技术"后台"，少争成绩多做服务，但关键的节点一定要把控住。

5. 我们的工作重点找对了吗？

信息中心主任们大多是技术出身，很多是完美主义者。他们追求系统架构科学，系统功能完善，代码优美。一旦看到不如意的现象，有亲自插手的冲动。但对于信息中心主任来说，主要任务应该是抓统筹协调、队伍建设和经费等核心问题，同时做好和领导沟通的桥梁，想办法搞好和部门之间的关系，做好内部人岗匹配，抓住制约信息化发展的主要矛盾，充分调动技术人员的积极性，知人善任。具体细节则应由专业的人员去考虑和实施，让专业的人干专业的事，容忍工作中一些不完美的地方。谁都不想让项目烂尾，但是在现实中，即使是企业的 ERP 项目，其成功率也不到 30%[4]。我们要努力提高项目质量，避免出现烂尾，但是在高校里面有个别信息系统无法完成正常开发和不能上线的概率也很高。不要认为只有信息中心的人员亲自开发才不会出现烂尾，烂尾的因素有很多，大多不是技术因素。但是信息中心主任也要处理好项目进展和软件质量的问题，不能为了快速完成项目，而置质量于不顾，必须按照打造"精品"的要求去建设，与此同时，要经常训练自己的技术人员，让他们具有打造"精品"的能力和素质。

6. 谁才是你要真正关心的用户？

早期，信息化主要是做 MIS（Management Information System，管理信息系统）。MIS 主要是面向管理，为管理人员服务，帮助管理人员实现数据的存储、修改、查询和统计。现在已进入互联网时代，互联网时代做产品需要有互联网思维。互联网思维主要包括用户思维、简约思维、极致思维、迭代思维、流量思维、社会化思维、大数据思维、平台思维、跨界思维等九大思维[5]。其中用户思维排在第一位。因此我们首先要分析清楚高校信息系统产品最主要的用户是谁？无疑，师生才是高校信息系统最主要的用户。任何一个为师生服务，但没有考虑师生体验的产品都是失败的。提升他们的体验才是必须追求的，如果信息系统只是急于为领导建设"驾驶舱"，为管理部门的领导和工作人员开发"统计报表"，而置广大师生的体验于不顾，则信息化的道路会越走越窄，最终走向失败。在提升师生服务体验方面，华中科技大学教务系统就是个很好的例子，具体可以参看《高校信息化建设与管理——技术篇》第 2.6 节"教务系统：高校最复杂的信息系统炼成记"。

7. 数字校园？智慧校园？还是智能校园？

信息技术发展很快,新名词也层出不穷。2000年左右开始兴起"数字校园"建设的热潮,到2010年前后,这个概念升级为"智慧校园"。那究竟什么是"智慧校园"？有学者对2004年至2018年有关"智慧校园"的文献进行了词频统计,排在前五位的词为物联网、云计算、大数据、技术应用和RFID[6]。但是目前的实际情况是高校物联网应用较少,云计算算是在数据中心有了成熟的应用,大数据能做好的乃凤毛麟角(大部分还都在数据治理阶段),因此,"智慧校园"建设并不适合于每个高校,大多高校还处于后"数字校园"时代。"智能校园"就更不用说了,需要等人工智能技术应用成熟了,才会在高校得到较好的应用,这应该是高校信息化若干年后追求的目标(不过"智能客服"之类的智能应用,可以先试行探索一下)。因此,诺兰模型的第五阶段(数据管理阶段)可能是大多高校现阶段的真实写照。比较可行的做法是根据自己的实际情况开展具体的建设,不要纠结于使用哪个名词。

8. 别人都搞了,我是不是也要搞？

当今信息技术发展迅速,高校信息化同仁虽然从事了多年信息化工作,但发现自己对新技术、新知识越来越不懂,越来越迷茫。管理信息系统还没有建好,别人的APP已经出来了；好不容易弄了几个APP,更好用的微信企业号或企业微信出现了；数据治理还没有搞完、数据不一致问题还没解决好,别人已经开始做大数据平台了；业务系统还没有理顺,别人已经开始搞网上办事大厅平台了；好不容易建起了网上办事大厅平台,别人又线上线下一体化了。作为高校信息化人,我们时常被这种焦虑和恐慌困扰,害怕跟不上这个时代的主流。美国著名作家凯文·凯利认为,未来的科技生命将会是一系列的无尽的升级,而迭代的速率正在加速,把我们每个人都变成笨手笨脚的菜鸟[7]。高校本来应该是一个培养未来人才、引领信息技术潮流的地方,但我们也怕自己有一天醒来会变成菜鸟。此时,我们更需要冷静下来,看清事实,充分思考自己高校的实际情况,不随之起舞,不盲目求新求快；既要脚踏实地,做好基础工作,又要仰望星空,抬头看路,找准一两个突破口,以小步快跑的方式稳步推进。只有重拾良好的心态,才能找到正确的道路,避免自乱阵脚、盲目推进。

9. 我们和信息化之间是什么样的关系？

《科技想要什么》一书中提出了一个大胆预测,技术体(Technium)是植物、动物、原生生物、真菌、原细菌、真细菌之外的第七种生命体,而且可以自我进化[8]。高校的信息系统是不是也是如此？它们有自我进化的规律，不是我们创造了它们，而是我们与它们共生，它们不以我们的存在而存在，也不以我们的不存在而不来。我们需要的是敞开心态拥抱它们，和它们共同成长、共同成就。麻省理工学院教授 Virk 和牛津大学哲学家 Nick Bostrum 甚至预测，我们可能都是更高等生物在计算机上运行着模拟系统中 AI 或游戏中的"玩家角色"[9]。这提示我们，站在人类发展的历史长河中，真正留给我们做事的时间是非常有限的，我们应该抛除焦虑，抓住有限的时间和机会，以"自信人生二百年，会当水击三千里"的气魄，努力为信息化做一些事情。

1.4 机遇与优势

前面谈到了高校信息化面临很多困难和挑战，但另一方面，只要我们重新认识信息化，以一种更为积极的心态来看信息化，就会发现，其实近几年高校信息化面临着前所未有的机遇，信息化部门仍然存在诸多优势。

1. 高校越来越重视

随着国家和上级部门对网络安全和信息化的重视，以及高校自身发展需要，大多数高校越来越深刻地认识到网络安全和信息化的重要性，认识到网络安全是校园安全的重要组成部分，信息化能够为教学、科研、管理和服务提供重要的技术支撑，甚至能够为提高学校的治理能力提供重要支撑。很多高校不断探索适合学校自身的新的信息化体制机制，保障信息化经费，增加信息技术人员编制，甚至在人员招聘、职称晋升等方面给予一定的特殊政策，或将信息化规划作为学校重要的规划之一。总之，当前高校对网络安全和信息化的重视几乎是前所未有的。

2. 信息技术愈加成熟

近几年互联网的蓬勃发展，其原因之一在于互联网技术快速发展、升级换代。从原来繁杂低效的硬件及系统发展到今天的虚拟化、云化、融合架构、微服务等，我们构造一套可靠的硬件和基础软件平台以及应用的快速迭代变得更加容易和快捷；从原来笨重的 C/S 软件架构到现在的响应式设计、自适应技术等，我们面对跨终端需求时变得更加从容；网站群平台、流程平台、大数据平台、数据中台、AI 中台、物联网中台等各种新的平台化的产品不断出现，使很多东西不必从零做起。信息技术的进步，让快速开发部署成为可能。

3. 师生信息化素养越来越高

互联网产品的快速发展和广泛应用，使师生运用信息技术的能力提升到一个新的层次。学校开发的很多软件，尤其是手机端软件，已经不需要对师生做专门的培训，他们很轻松就可以上手。虽然师生对校园信息化产品期望越来越高，但只要和学校以前的系统相比有所进步，他们就很容易满足，对校园网络和信息系统也越来越包容。

4. 信息化部门越来越重要

随着高校对网络安全和信息化工作越来越重视，信息化部门在校内的地位也日益提升。很多高校都成立了校党委书记、校长任组长的学校网络安全和信息化领导小组，并且通过召开领导小组会议等方式运行，信息化部门提交的很多议题成为学校和相关部门关注的热点。学校的重要活动、重要改革议题，有时也会让信息化部门参与，因为需要技术手段实现或支撑。尤其是这次突如其来的新冠肺炎疫情，更显现了信息技术在支撑学校教学、科研和管理等方面的重要作用，信息化部门应该抓住机遇，加强自身建设，为学校的高水平建设贡献力量。

1.5 破局若干策略

新时代高校信息化工作机遇与挑战并存，如何抓住机遇提升学校的信息化治理水平，如何战胜困难和应对挑战是每一位信息中心主任的主要任务。笔者结合华中科技大学近年来信息化工作的实践和自己的亲身经历，谈几点体会。

1.5.1 破局策略之一：提高站位，寻求领导支持

信息中心作为学校信息化建设的牵头部门，必须增强大局意识，提高政治站位，用习近平新时代中国特色社会主义思想来指导信息化工作，为将学校建设成世界一流大学（或学校确定的其他战略目标）提供支撑和保障服务。我们要向领导经常汇报信息中心是如何学习贯彻落实中央关于网信工作指示要求的，从而获得领导的重视和支持。

1. 必须以习近平新时代中国特色社会主义思想为指导

习近平总书记高度重视网络安全和信息化工作,亲自担任中央网络安全和信息化委员会主任,在网络安全、信息化、大数据、"互联网＋"、网信人才建设等方面均有重要论述。习近平总书记指出"没有网络安全就没有国家安全,没有信息化就没有现代化""网信事业要发展,必须贯彻以人民为中心的发展思想""建设网络强国,要把人才资源汇聚起来,建设一支政治强、业务精、作风好的强大队伍""要运用大数据提升国家治理现代化水平""要运用大数据促进保障和改善民生""善于获取数据、分析数据、运用数据,是领导干部做好工作的基本功""我们要深刻认识互联网在国家管理和社会治理中的作用,以推行电子政务、建设新型智慧城市等为抓手,以数据集中和共享为途径,建设全国一体化的国家大数据中心,推进技术融合、业务融合、数据融合,实现跨层级、跨地域、跨系统、跨部门、跨业务的协同管理和服务""要强化互联网思维,利用互联网扁平化、交互式、快捷性优势,推进政府决策科学化、社会治理精准化、公共服务高效化,用信息化手段更好感知社会态势、畅通沟通渠道、辅助决策施政"。信息中心主任不但要自己带领全部门人员认真学习,积极贯彻落实,还应积极主动向学校领导汇报,列入学校党委中心组的学习内容,作为学校各级干部的重要培训内容之一,全面提高全校各级干部对网信工作的认识。

2. 将网络安全工作上升到学校稳定安全高度

学校要切实落实"没有网络安全就没有国家安全"的重要指示精神,在学校党委常委会议或学校网络安全和信息化领导小组会议上研判网络安全形势,要深刻认识到网络安全是信息化工作的"底板",是学校安全稳定的重要方面。在学校重要会议上,向领导汇报学校面临的严峻的网络安全形势,让领导意识到一旦发生网站被黑、师生个人数据或学校重要数据发生大规模泄露,将造成恶劣的社会影响,给学校的安全稳定带来严重威胁,学校各级领导将承担政治责任,没有网络安全就没有校园安全;甚至有可能触犯《中华人民共和国网络安全法》,领导可能要因此承担法律责任;让学校意识到,只有加强投入和管理才能确保网络技术安全,只有核心数据掌握在自己手里才能确保数据安全,不重视网络安全的后果可能是灾难性的。

3. 积极推动落实国务院关于"互联网＋"与"放管服"改革的相关文件

国务院先后出台了《国务院关于积极推进"互联网＋"行动的指导意见》(国发〔2015〕40号)、《国务院关于加快推进"互联网＋政务服务"工作的指导意见》(国发〔2016〕55号)、《国务院办公厅关于印发"互联网＋政务服务"技术体系建设指南的通知》(国办函〔2016〕108号)、《国务院办公厅关于印发政务信息系统整合共享实施方案的通知》(国办发〔2017〕39号)、《国务院办公厅关于印发进一步深化"互联网＋政务服务"推进政务服务"一网、一门、一次"改革实施方案的通知》(国办发〔2018〕45号)等文件,其中既有政策文件也有技术文件,学校应按照文件要求,积极开展学校的"互联网＋政务服务"工作。

1.5.2 破局策略之二:出台规划,明确目标与路径

信息化规划是信息化建设的顶层设计工作,关乎信息化具体建设的目标、路径和合法性,务必要先出台规划,再开展建设,否则容易走弯路、走险路。有些人总认为规划是务虚的,没什么用处。实际上,随着信息化建设的不断深入,如果没有统一的规划,后面的路将越来越难走。

1. 充分认识信息化规划的重要性

(1) 信息化规划是信息化建设的顶层设计。任何复杂的工作都应该按照"总体规划、分步实施"的原则进行,高校信息化是高度复杂的事情,不但涉及信息化体制机制、建设原则、部门分工与职责划分、保障措施等管理问题,还涉及技术路线、建设内容等技术问题,必须先将这些事情想清楚、定下来,然后才能大规模推进。

(2) 信息化规划的制定过程是凝聚共识的过程。很多高校信息化工作总是开展得不顺利,部门之间总在扯皮,互不理解,内耗严重,其主要原因就是全校各部门对信息化建设没有形成共识,各有各的想法。制定规划的过程是一个凝聚共识的过程,一旦形成共识,后面的工作开展就会顺利很多。

(3) 信息化规划是开展信息化建设的重要保障。在信息化规划中除了规定建设的主要任务外,还规定了推动规划落实的保障措施,明确落实规划的体制机制保障、经费保障、人员保障、空间保障和安全保障等措施,这些保障措施涉及大量资源。学校层面通过发展规划也就意味着学校认可为信息化提供资源保障,为后续争取资源奠定基础。

2. 掌握制定规划的方法

要在充分调研国内外高校信息化建设情况,以及校内各单位和师生对信息化的需求情况下,利用科学的方法进行信息化规划编制。要将信息化规划上升到学校规划,在学校层面出台,将其重要性提升到与校园建设规划、师资

队伍规划和学科建设规划相同的地位,成为支撑学校总体事业发展规划的重要子规划之一,避免仅作为信息中心内部的规划。要注重信息化规划编制的过程,把规划编制的过程作为向领导汇报工作、增强领导网络安全和信息化工作意识、协调沟通部门、凝聚共识、增进友谊的一个重要过程。根据规划执行情况,适时对规划进行修订更新。

3. 严格按照规划开展信息化建设

在信息化建设的技术总体路线、方案以及项目遴选、论证、立项、验收等方面,应严格按照信息化发展规划执行,增强规划的权威性。有些高校信息化建设的随意性很强,一旦经费到位,想起什么做什么,什么是热点做什么,这种方式可能会在某些点上获得成功,但由于基础不牢,到了后面还是不得不回来"补课"。例如,有很多高校上了大数据的项目,但由于业务数据等结构化数据质量较差,大数据平台分析出来的结果很不理想甚至错误百出,无法达到大数据平台建设的目标,甚至该项目最终无法验收。有些省属高校的经费执行有严格的要求,必须提前一年在省里报备通过后,才能启动项目建设和支出经费,这都要求学校要先制定规划,根据发展目标和学校信息化实际,列出未来三到五年内学校每一年需要建设的信息化项目,再根据实际建设情况进行动态调整。

1.5.3 破局策略之三:勇于担当,帮助各部门解决问题

信息中心的地位和任务决定了其必须勇于担当,坚持"有为才有位"的思想,主动为各部门解决实际问题,做好服务工作。

1. 建好基础平台,让部门专注于业务本身建设

由职能部门主导业务信息系统建设有助于增强他们的责任感,满足其成就感,但信息中心在职能部门建设其业务信息系统的过程中,也必须从以下几个方面提供好服务。

(1)建设好基础网络。网络是信息化的基础设施,尤其个别职能部门的信息系统出于安全需要,必须建立专网,还有些信息系统需要建立物联网。为了保证网络质量和安全,这些网络应由信息中心建设。

(2)建设好信息化基础平台。计算、存储等基础平台,必须由信息中心统一建设和运维,使用云计算等技术保证业务信息系统的弹性需求,而不仅仅只提供简单的硬件托管式服务。

(3)提供必要的基础软件服务。信息中心要统一采购、建设服务器操作

系统、数据库管理系统、中间件等正版化基础软件及统一集中的管理服务。如果不能提供集中统一的基础软件平台级服务，至少应提供安装、升级等服务。

（4）提供必要的基础应用服务。任何一个业务信息系统都不太可能独立运行，需要其他信息系统尤其是一些公共性、基础性的信息系统的支持。例如，为了避免重复建设用户账号和密码管理功能，各信息系统都需要学校建设统一身份认证系统，通过与其对接来实现用户的管理；为避免重复建设消息发送功能，需要学校建设统一通讯平台或统一消息平台，为各信息系统提供发送短信、微信、钉钉等消息的接口；为了实现数据共享和交换，需要学校先建设一套数据交换与共享平台，为各信息系统提供数据交换和共享服务，等等。

2. 做好沟通协调工作，解决部门间共享问题

信息系统建设过程中涉及大量的协调工作，各职能部门除了需要和信息中心讨论硬件和基础软件、基础应用系统的对接外，还涉及与其他部门之间的数据共享交换和应用对接的协调。不论是业务系统之间的两两对接，还是一对多的对接，信息化部门都应主动承担起沟通的责任，通过制定数据标准、数据共享规范、数据交换方法、应用对接规范、召开沟通协调会议并监督落实等方式，推动各职能部门信息系统与其他系统的对接。信息化部门要做好职能部门信息化方面的主心骨，增强部门之间尤其是部门技术人员之间的黏性，加强沟通协调，降低沟通成本，提高信息化工作效率，避免由于缺乏协调而导致很多事务推动不力、久拖不决，令职能部门对信息化工作丧失信心。

3. 提供安全服务，为职能部门应用保驾护航，解除后顾之忧

职能部门非常关注网络安全，但由于技术能力等原因，其在确保网络安全上往往无能为力，并对此深感担忧。信息化部门应主动为职能部门做好网络安全服务，包括在硬件上提供 IDS、防火墙、WAF 等安全防护；在操作系统、数据库管理系统、中间件等基础软件上，协助做好升级、打补丁等工作；在信息系统上，做好源代码审计、漏洞检测与整改等工作；在等级保护上，做好定级、测评和整改工作，使其符合等保要求。通过硬件、软件和管理上的全方位服务，为职能部门保驾护航，让他们专注于业务系统的功能建设，解除他们的后顾之忧。

1.5.4 破局策略之四：以用户为中心，建设精品工程

信息化建设必须找准最重要的用户，规划好建设内容，制定建设策略，打造精品，通过建设一些亮点或热门应用，赢得领导和师生的信任，从而打开局面。

1. 先易后难，让师生对信息化树立信心

信息化工作内容繁杂，在资源有限的条件下，必须对建设内容按照轻重缓急进行排序，先易后难、稳中求进，先把该做的、能做好的事情做了。例如，师生如果经常吐槽上网慢，就应该优先解决这个问题，可通过与运营商开展合作或使用国拨、省拨资金，扩大校园网出口带宽；优化校园网出口管理策略，放开部分限制，增加包月流量，降低网络资费；在校园网增加缓存设备或与相关内容商合作，提高用户访问视频等常用资源的速度。通过一系列措施，让师生在上网这个点上感觉很舒服，感到学校信息中心在为他们做实事。

常规的信息化建设流程应该是先搭好硬件平台，再建好基础应用平台（传统的三大平台），最后逐步建设上层应用，但是这样做需要时间周期。师生对信息化已经多有不满，如果再按部就班地做，会失去很多机会。因此，需要把师生关注的但相对容易的应用同步启动建设，例如，满足师生某一个方面需求（如查询空闲自习教室，选课，上课短信提醒，宿舍电费不足提醒，校园卡消费提醒，挂科提醒，以及其他常用应用的移动化等）的高频应用可先行建设，让师生感受到学校信息化的变化，基础平台建好后再逐步整合。

2. 找准痛点，让师生感受到真实的获得感

（1）移动应用建设。校园信息化必须紧跟移动互联网的步伐，满足师生移动应用的需求，大力开展移动应用建设。当前，移动应用有两大主流技术路线，分别是自建手机 APP 和依托互联网移动平台建设。互联网移动平台则主要有微信企业号（企业微信）和钉钉两大平台。因现状或技术原因实在无法取舍的，也可以选择并行（不推荐）。应将学校与师生有关的业务尽可能实现移动化，通过集中的消息推送，实现移动版信息门户。

（2）网上办事大厅。随着"互联网＋""放管服""网上办、马上办、一次办""让信息多跑路，让群众少跑腿"的要求越来越紧迫，网上办事大厅成为校园信息化建设新的热点。它对统一服务入口、提高师生办事体验，起到了很重要的作用。

（3）统一身份认证系统。要解决师生重复记忆多套账号密码的问题，让师生统一使用一套账号密码即可登录相关信息系统。统一身份认证系统在技术上已经十分成熟，对接各种系统也不存在问题。该系统不但要使用统一的账号密码，还应该将 QQ、微信的绑定登录，短信验证码登录，甚至将人脸识别和虹膜识别等均纳入统一身份认证范畴，在学校门禁系统、自助设备、取件柜等多运用诸如刷脸、刷虹膜的黑科技，提升师生应用新的信息化技术和手段的兴趣。

（4）建立正版软件平台。如果还有充足的资金，应加快建设正版化软件平台，解除师生使用盗版软件带来的重复提示、无法正常升级或打补丁、存在漏洞安全隐患等问题。

3. 打造精品，提升校园信息化品味

阿里巴巴前著名产品经理苏杰认为，好的产品应该是以用户为中心的设计（User-Centered Design，UCD）。但在现实中，更多的产品变成了BCD（Boss-Centered Design，以老板为中心的设计）[10]。这种情况在高校信息化中更为严重。很多教育信息化公司为高校开发的信息系统都是产品化的，真正能定制的部分很少，除了换个校徽和背景图之外，几乎没有什么可以由学校来决定，这类产品连BCD都做不到，只能做到CCD（Company-Centered Design，以公司为中心的设计）。

好的互联网产品必须要靠精心打磨，充分为用户考虑。我们都认为360公司的软件做得非常好，很多东西都是"一键式"的，非常方便。公司创始人周鸿祎的产品观是"好产品就是让用户离不开你，要让用户产生一种没有你不行，你不会轻易被替代的依赖感"[11]。正是这种好的产品理念，才能把360公司的软件做得如此贴心。

任何一个成功的产品，都需要付出巨大的努力，当然也要掌握软件产品开发的诀窍。硅谷著名软件产品专家Marty Cagan认为，一个好的软件产品应具备价值、可用性和可行性三大条件，打造一款好的软件产品有十大要点：产品管理的职责、用户体验、机会评估、特约用户、产品原则、人物角色、探索（定义）产品、使用原型、用户参与原型测试和根据数据改进产品[12]。设计一个好的产品，有太多的学问，高校不应简单屈就于公司的产品，应该要学习互联网软件产品设计的方法和理念，结合学校实际建立自己特色的理念，树立打造精品的决心，注重细节，并付诸实施，做出特色。

1.5.5 破局策略之五：建章立制，制定规则与规范

规章制度是开展信息化建设与管理的重要保障，这很容易被技术部门所忽略。在实际工作中，必须用制度治理代替人治。

1. 强化依据，夯实制定规章制度的基础

信息化规章制度要强化制定依据，要做到依据充分、师出有名。依据主要

有三个方面：一是上位法，包括国家制定的关于网络安全和信息化的各类法律法规、政策文件和部、省、市级相关文件，这是学校制定信息化规章制度的重要依据，对信息化部门来说，既是一种任务，也是一种机遇；二是学校规章，包括学校的事业发展规划、文件、工作要点等，信息化也要制定相应的规章制度来落实和推动具体工作；三是校内部门规章，包括校内相关部门出台的相关业务的制度，为了更好地理清边界，规范流程，信息化部门也应该出台相应的配套规章制度。

2. 分类制定，建立完整的规章制度体系

规章制度在总体上可分为顶层设计类、管理规范类和技术实体类三类。顶层设计类主要包括信息化发展规划纲要、发展规划、信息化管理工作条例等；管理规范类主要包括信息化项目管理办法、网络安全管理办法、安全事件处置流程、基站管理办法等；技术实体类主要包括校园网、信息化基础平台（数据中心）、信息系统等，对每个实体的建设、上线、运行、维护等制定明确的流程及详细的操作规范。每一类规章制度所约束的内容和范围不同，制定的思路、文件结构也有差异。

3. 注重过程，在职能部门间形成共识

信息化规章制度制定的过程是理清部门职责与边界，规范办事流程，落实开发运行规范，并与各部门形成共识的过程，利用好规章制度制定过程中的征求意见、协商、会签等程序，发挥信息化管理部门的技术能力和管理水平，让规章制度成为建设"信息化建设共同体"的重要保障。

1.5.6 破局策略之六：加强安全底板，树立专业形象

当前网络安全形势严峻，网络安全已不仅仅是短板，而是底板，一旦发生重大网络安全事件，所有的信息化建设成果都将归零。各职能部门由于缺乏专业的网络安全技术人员，相对信息中心来说，面临的压力更大，他们往往有心重视网络安全，但实际上难以做到。因此，信息中心必须发挥专业优势，为各部门做好网络安全服务，树立专业形象，赢得领导和各部门的信任。

1. 建立安全防护体系

通过采购专业的网络安全设备，建立尽可能严密的网络安全技术防护体系，对学校的核心网络、信息化基础平台、信息系统和网站进行防护，建立网络

安全的防护体系、探测系统、监控体系和审计体系等,夯实网络安全基石。

2. 健全安全管理体制

推动学校网络安全和信息化领导小组制定并落实网络安全政策,积极推进落实网络安全人员编制;建立健全网络安全管理体系,出台网络安全管理制度,明确网络安全管理规范和单位及个人职责;制定网络安全事件处置流程,组织专业人员组成网络安全应急工作小组,一旦出现网络安全事件,能对网络安全事件进行及时响应并快速处置,显示出较强的专业技术能力;加强与各单位的网络安全对接和协调,对各单位信息技术人员开展网络安全技术培训。

3. 做好安全技术服务

对学校重要信息系统开展漏洞扫描。漏洞是网络安全的最大威胁,必须尽可能堵塞,但是由于各单位对漏洞认识不足、解决能力较差,导致学校很多信息系统一直处于风险之中。对于新上线的信息系统通过源代码审计、漏洞扫描和人工渗透等方式检测系统漏洞,出具漏洞检测报告,制订出详细、科学的解决方案,并帮助信息系统建设单位解决漏洞问题;对于已上线的系统,也要定期对其进行扫描,并及时处理已发现的漏洞。在信息中心安全人员不足的情况下,可通过购买网络安全专业公司服务的方式实现。

只有守住了网络安全的底板,才能安心进行信息化建设,才能获得领导和各单位的信任,信息中心的地位和形象才能逐步得到巩固和提高。

1.6 结　　语

可以用 16 个字总结上述破局策略:稳中求进,单点突破,用户为上,勇于担当。信息化同仁可参考上述原则,并结合学校实际情况,制订详细的破局策略,就有可能闯出一条有自己特色的信息化之路。上述策略也会在后面各章展开阐述,以期为大家提供更为详实的参考。美国社会学家 M.J. 列维在《现代化的后来者与幸存者》一书中写道,作为现代化进程中的后来者,有多方面的优势,例如不需要像先行者那样面临未开发的领域,可在许多方面借鉴先行者,跳过一些早期阶段,通过先行者获得的成绩激励自己并树立信心,可得到先行者的帮助与支持,等等[13]。因此,信息化发展暂时落后的高校也不必灰心,应利用好后发优势,在一张"白纸"上建设好自己的软硬件和信息系统,最终完成弯道超车。

参考文献

[1] 钟登华.深入推进教育信息化2.0,实现跨越式发展.中国教育在线,2019.4.19.

[2] 胡钦太.高校信息化人才队伍建设的机制创新与实现路径研究[J].中国教育信息化,2016(13):58-62.

[3] 彭小斌,陈晨,邓可君,等.高校信息化现状分析[J].武汉大学学报:理学版,2012,58(51):27-31.

[4] 代碧波.企业ERP实施ERP知识管理绩效评价研究[D].哈尔滨:哈尔滨工程大学,2012:1.

[5] 赵大伟.互联网思维独孤九剑[M].北京:机械工业出版社,2015:25-27.

[6] 杨萍,姚宇翔,史贝贝,等.智慧校园建设研究综述[J].现代教育技术,2019,29(1):18-24.

[7] Kevin Kelly.必然[M].周峰,董理,金阳,译.北京:电子工业出版社,2016:5.

[8] Kevin Kelly.科技想要什么[M].严丽娟,译.北京:电子工业出版社,2016:53-67.

[9] 郭昕妤.MIT教授:我们大概率生活在一个"黑客帝国"的虚拟世界里[EB/OL]. https://wallstreetcn.com/articles/3509675,2019-4-11.

[10] 苏杰.人人都是产品经理[M].北京:电子工业出版社,2010:46-47.

[11] 周鸿祎.周鸿祎自述:我的互联网方法论[M].北京:中信出版社,2014:210.

[12] Marty Cagan.启示录:打造用户喜爱的产品[M].七印部落,译.武汉:华中科技大学出版社,2016:222-224.

[13] 陈琳.中国高校教育信息化发展战略与路径选择[J].教育研究,2012(14):53.

2

体制与机制

2 体制与机制

信息化体制机制历来是高校信息化同仁谈论的热点。大多高校信息中心主任为信息化体制所困扰,总希望有一种良好的体制,提升学校 IT 治理效率,推动学校信息化快速发展。那究竟有没有一种最佳的信息化体制呢？

2.1 信息化体制演化

高校信息化机构的雏形大概起始于 20 世纪 60 年代。1963 年北京大学成立计算中心[1],1976 年清华大学成立计算中心[2],1982 年华中工学院(现华中科技大学)成立计算中心[3]。当时的计算中心大部分设在院系,例如,北京大学计算中心成立时隶属于数学力学系,华中工学院计算中心隶属于自动控制和计算机工程系,主要职能是为科研提供科学计算或微机教学等服务,即使建一些管理信息系统,也以单机版为主。这一时期应该是高校信息化的萌芽阶段。1994 年,国家启动中国教育和科研计算机网(China Education and Research Network,CERNET)建设[4],直接带动各高校在原来的计算中心基础上成立网络中心,开始建设校园计算机网,接入互联网成为当时的风潮。随着互联网技术的发展,互联网站或者基于网络的管理信息系统开始建设。2000 年前后,很多高校为了适应形势发展,将网络中心更名为信息与网络中心或信息中心(以下统称为信息中心),信息化建设开始逐渐进入快车道。但大部分高校的信息中心为直属单位,性质为教辅机构,有的还是副处级机构,在推动信息化工作时感觉地位不够高,整合困难,尤其是面对机关部门的时候常常有推动不力的情况。尽管很多高校在这个时期成立了学校信息化建设领导小组和领导小组办公室,但办公室大多为虚体,挂靠在校长办公室或者设在信息中心,没有专职人员,缺少经费统筹的权利,很难发挥协调作用,因此,很多人呼吁成立实体化的信息化办公室。2001 年 7 月,复旦大学率先在全国高校中成立了实体化的信息化办公室,属于正处级机关部门[5],上海其他高校也纷纷跟进;北京大学在 2007 年也成立了实体的信息化建设与管理办公室。实体的信息化办公室分两种,一种是以原来的信息中心为基础成立信息化办公室,整体转为机关职能部门,管理和建设职能合一,例如复旦大学信息化办公室、华中师范大学信息化办公室等;另一种信息化办公室是新成立的独立的正处级机关职能部门,负责信息化管理,原来的信息中心保持其相对独立运行机制,主要负责信息化建设,从而实行管建分离,例如中山大学信息化管理办公室、华中科技大学网络与信息化办公室等。截止到目前,并不是所有高校都成立了实体化的信息化办公室,大多高校依然是以信息中心作为学校信息化建设的主体单位,通过设在信息中心的网络安全和信息化领导小组办公室,行使一定的管理职能。

谈到信息化体制,就不能不谈到CIO体制。近几年来,高校对CIO体制呼声很高,仿佛CIO体制就是高校IT治理的灵丹妙药。那么CIO体制究竟怎么样呢?下面先看一下高校CIO体制的发展之路。

2.2 CIO体制,一直在路上

CIO是Chief Information Officer的简称,中文译为首席信息官,维基百科对CIO的定义是:首席信息官是组织中对信息技术和计算机系统负责的最高级管理层领导。CIO体制源于美国,1980年美国颁布《文书削减法》,明确为减少纸张浪费,促进政府信息化,需要建立一个职位来完成信息资源管理任务,但未明确CIO这一称呼,其思想算是CIO体制的萌芽。1996年美国颁布了《克林格-科恩法案》,正式宣布美国政府开始建立CIO管理体制。在这一法案中明确要求各联邦机构任命CIO,履行本法案条款所规定的IT管理任务以及由《文书削减法》规定的信息资源管理任务。为了保证行政机构中的CIO能够胜任相应的岗位职责,《克林格-科恩法案》还规定了CIO应当具备的核心能力[6]。随后,CIO这一职位被陆续引入美国企业界和高校,CIO在企业或高校领导开展信息资源管理,在支撑组织实现其目标方面发挥了越来越重要的作用。

美国权威的高等教育信息化协会EDUCAUSE于2007年所做的调查显示:美国高校中独立设置CIO职位的高校比例为39.3%,2016年这一比例达到69%。尽管美国高校的CIO体制不尽相同,例如有的高校CIO是向副校长负责,有的是向校长直接负责,但总体说明CIO职位在美国高校已是主流职位(美国两所高校CIO体制示意图如图2.1和图2.2所示)。该协会2008年的报告显示:凡进入校委会的CIO均能参与全校学术、管理以及IT方面的决策,相比未进入校委会的CIO,他们所领导的IT部门为大学发展产生了更大的影响,带来了更好的效益[7]。

国内高校对CIO体制的呼吁起始于2000年左右,在中国高等教育学会管理信息系统专业委员会(简称EMISA,中国高等教育学会教育信息化分会前

2 体制与机制

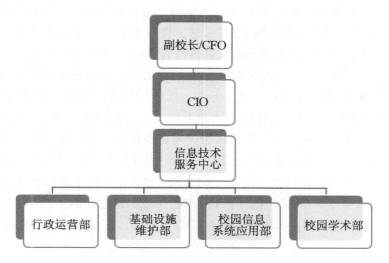

图 2.1 芝加哥大学 CIO 体制示意图

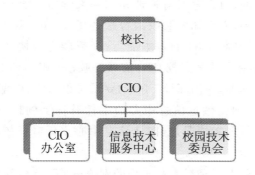

图 2.2 加州大学伯克利分校 CIO 体制示意图

身)一次会议上,以清华大学计算机与信息管理中心前主任沈培华教授为代表的信息中心主任们开始呼吁在高校中建立 CIO 体制,并认为 CIO 应为校级领导,直接参与学校的领导决策[8]。在"2003 年中国高等教育信息化论坛"上,北京大学副校长林建华率先提出北大准备要设立 CIO 体制[9],这大概是可查的校领导层面最早提出要设立 CIO 体制的了。此后,关于在高校设立 CIO 的呼声不绝于耳,清华大学蒋东兴等还对国内 CIO 体制进行设计,认为应由常务副校长或相关职能的副校长来担任[10]。但清华大学信息化工作办公室主任尹霞教授等于 2017 年对国内 105 所 985 高校和 211 高校的调研结果显示,明确任命 CIO 职位的高校仅占 10%,CIO 体制在国内高校仍然没有成为主流。

南京大学学者刘永贵认为,美国大学的 CIO 体制及 IT 治理发展都深受企业影响,而政府则主要以法规来引导,这主要源于美国大学多为独立法人,与政府关系松散,有较大的自治能力,其内部管理体制更多与公司相似,而非与政府相似。而我国大学与政府关系紧密,对政府有很强的依赖性,大学体制多是政府体制的翻版,这决定了我国大学必然采用与我国政府相似的三层信息化管理体制,我国企业在 CIO、IT 治理上的发展对我国大学并未产生多大影响[11]。重庆大学原副校长李茂国认为国内高校信息化和企业信息化相比,差距将近 10 年,无论是信息化的理念、系统架构,还是管理体制,国内高校都远远落后于企业[12]。国内企业设立的 CIO 职位也大多局限于部门级,仅有 12%的 CIO 进入企业高层[13]。直到 2014 年底,工业和信息化部才发布了《企业首席信息官制度建设指南》,明确了企业 CIO 的职责、能力素质要求、聘用、培训、考核和奖惩[14]。而教育部门至今未发布类似的文件。

刘永贵对美国高校的 CIO 领导力进行了深入研究,认为高校 CIO 应具备的特质包括以下方面。IT 应用与管理知识和大学组织管理知识是高校 CIO 必备的两大知识基础;人性知识及政治智慧是高校 CIO 推动大学变革的核心品质;管理与决策是高校 CIO 的基本能力;交流能力与协作能力是高校 CIO 的核心能力[15]。还有人认为高校 CIO 应具备政治头脑、战略规划能力。按照蒋东兴和刘永贵的标准,中国高校 CIO 的要求是很高的,根据中国高校校级领导成长规律,大概必须是做过信息中心的主任升任了副校长,才有可能符合 CIO 的上述标准。但现实情况是,能从信息中心主任升任校领导的人员凤毛麟角。

更为现实的情况是,分管信息化工作的副校长实际承担着 CIO 的角色,但不太可能只分管信息化,或者只做 CIO,他同时可能还分管着学工、教务、行政、图书馆甚至后勤,等等(与学校把信息化放在何种地位有关。认为信息化就是水电保障工作,就会让分管后勤的校领导分管信息化;认为信息化对于教学、人才培养有很大的促进作用,就会让分管教务的校领导分管信息化,等等)。

在高校信息化领域里,大家一直都认为在高校设立 CIO 十分必要,而且一直锲而不舍地在努力呼吁。2014 年 11 月 25 日,"2014 中国高校 CIO 论坛"在清华大学举行,论坛延续至今,每年一次,至 2020 年初已举办了六届,成为国内高校领导深入交流研讨信息化工作的重要平台,在业内拥有很强的号召力[16]。该论坛大多是分管信息化的校领导参加,这也从侧面证明了前文所提到的 CIO 与分管校领导之间的关系。《中国教育网络》更是在多期期刊上对高校 CIO 体制进行了探讨,并对现任 CIO 进行了专访,不断把 CIO 体制讨论推向高潮。

当前大多数高校还是按照传统意义把"人、财、物"作为重要资源,因此会有专门分管人事人才工作或学生工作的副书记、分管财务的副校长、分管设备资产房产的副校长等。只有整个高教界认识到,在传统的"人、财、物"上还要增加"信息",把"信息"也作为战略资源来看待,才可能在高校设立专管信息化的副校长,也就是我们所期望的真正的CIO。

当我们还在呼吁CIO体制时,CDO(Chief Data Officer,首席数据官)的概念已经横空出世。美国著名数据管理专家Peter Aiken认为,CDO是总体负责领导团队进行企业数据架构和元数据战略的定义、设计和执行,帮助企业更加高效和有效地交付数据架构组件,支撑企业战略实施;而且CDO并不是向CIO汇报,而是向最高级管理者(Top Job)汇报[17]。根据他的定义,CDO不是CIO的升级版,而是一个和CIO位置并列,并且需要进行紧密合作的岗位。这是一个新兴的与IT有关的高级职位,在国内企业中,也只有阿里巴巴等这样的大型IT公司任命过CDO(2012年7月阿里巴巴任命陆兆禧为CDO),目前还没有哪所高校开此先河。

在高校设立CIO体制,对于推进学校信息化发展会有很大的推动作用,但CIO体制远未成熟。

2.3 能人体制,向前辈们致敬

谈到体制,就不能不谈到体制中的人。任何时代,任何行业,都不缺乏英雄,教育信息化也是如此。提到高校信息化,不得不向几位老前辈致敬。自2000年后,高校信息化进入快速发展期,逐渐从建设校园网发展到网络建设与应用并重的阶段,一些高校的信息化成绩崭露头角,为其他高校的信息化建设发展起到了很好的示范带头作用。这少不了前辈们的努力,他们有北京大学计算中心原主任黄达武、清华大学计算机与信息管理中心原主任蒋东兴、复旦大学信息化办公室原主任宓詠、中山大学网络与信息技术中心原主任郭清顺等。

北京大学计算中心原主任黄达武,曾任中国高等教育学会教育信息化分会理事长,著名教育信息化专家,圈中人称"老爷子",足见其在高校信息化领域中的地位。他不但将北京大学信息化做成全国的标杆,而且通过学会为全国高校信息化建设贡献了力量。在2009年接受《中国教育网络》杂志的采访中，他曾提出高校信息化对于高校核心竞争力的提升起着十分重要的作用，呼吁信息化部门的地位应该提升。他认为衡量一个大学信息化建设是否已经走向成熟的标志有四个：一是良好的 CIO 体系，这是最基本的保证；二是一个切实可行的中长期建设规划；三是一套完善的规范标准、管理制度和政策法规；四是一个严谨、高效的信息化服务体系。黄达武老先生以其超人的智慧、超凡的耐心、超强的敬业精神在高校信息化岗位上辛勤耕耘了一辈子，为中国高校信息化发展做出了卓越的贡献。清华大学计算机与信息管理中心原主任蒋东兴，曾接任黄达武担任中国高等教育学会教育信息化分会理事长，曾任教育部教育管理信息化专家组组长，主持了清华大学数字校园及信息系统建设，完成了教育部教育服务与监管体系信息化建设项目顶层设计、北京市教育信息化"十三五"规划，承担了国家科技攻关项目、支撑计划项目、教育部重大信息化项目多项，在提升信息化地位、创新教育信息化理论等方面发挥了重要作用，对中国高等教育信息化发展产生了深远影响。复旦大学信息化办公室原主任宓咏，曾任中国高等教育学会教育信息化分会副理事长，著名信息化专家，高校信息化"复旦模式"的创造者，带领复旦大学信息化办公室在信息化建设模式、统一身份认证系统、校园卡、服务模式、移动门户、数据治理、大数据分析方面做出了卓越的贡献，成为全国高校信息化的典范。中山大学网络与信息技术中心原主任郭清顺，曾任中国高等教育学会教育信息化分会副理事长，著名教育信息化专家，2001 年即提出中山大学信息化重点建设"五个数字化"：数字化学习、数字化科研、数字化管理、数字化生活和数字化环境；坚持"五个统一"：统一标准、统一数据库、统一开发平台、统一用户管理、统一门户。其理念十分超前，他带领中山大学信息技术部门在信息化基础设施建设、信息化标准、数字化学习、信息化服务等方面走在了全国高校前列。

  高校信息化的能人前辈们还有很多，鉴于本书撰写团队从事信息化工作的时间有限以及本书篇幅所限，恕无法一一列举。这些能人前辈们的共同特点就是热爱信息化这份工作，把它作为一项事业在做，他们在校内甘于寂寞甚至忍辱负重，不计较体制如何，把本校的信息化做得有声有色，而且还热心帮助其他高校，通过讲座报告、接待参观考察、撰写论文等多种方式将自己的好经验、好做法传授给其他高校，让大家共同获益，推动全国高校信息化发展。这些优秀的品质是做好信息化工作的法宝。华中科技大学的信息化工作也有幸得到过多位前辈的指点，不但向他们学习到了信息化的知识和经验，更重要的是学习了他们身上闪烁着时代光辉的优秀信息化人的独特品质。

2.4 大包大揽制，需要强大的技术队伍支撑

有些高校存在这样一种模式，信息化工作中除了需求由职能部门提出外，其他所有工作都由信息中心负责，包括信息系统开发、建设、运行和维护，这种模式可称为全包模式。在拥有庞大 ITS(Information Technology Service，信息技术服务)部门的英美高校大都使用这种模式，我国香港高校和内地高校中（如北京大学、清华大学）也采用了与之类似的模式。2000 年后，北京大学计算中心和清华大学计算机与信息管理中心均自主研发了大量信息系统，并且在国内高校进行了推广，为提高全国高校信息化整体水平做出了非常卓越的贡献。例如，清华大学的教务系统、学堂在线甚至校园卡系统等均为其自主研发，并推广到其他高校进行了应用。这种模式的优势是非常明显的，项目控制能力和可持续性强，这也是清华、北大信息化一直走在全国高校前列的主要原因。

全包模式是否可行取决于两个条件：一是信息中心必须有足够的技术力量，二是职能部门对信息化需求明确，信息化素养较高，二者缺一不可。信息中心没有足够的力量，无法承担起开发及维护的重要任务，即使有技术力量，如果职能部门对本部门的需求不清楚，或配合开发的意愿不高，也很难成功。

但大部分高校并不具备上述两个条件，尤其是第一个条件，很多高校的信息中心只有七八个人的规模，而且还要负责校园网建设管理，如果把所有信息系统的建设、开发、运维揽过来，根本没有精力实现，即使可以将开发部分交给公司来做，但需求整理、定制开发、系统对接、数据共享和交换、源代码及版本管理、网络安全等大量工作仍然需要信息中心人员自己来完成。由于责任主体是信息中心，导致职能部门对信息系统建设的主动性和投入不足，通常是需求简单一提，就等着使用信息系统了。但市场上缺少成熟的拿来即用的信息系统产品，各部门所需要的信息系统往往需要定制，定制化的信息系统开发过程复杂、周期长、需求变化快，推广运维需要投入大量精力，因此想要开发出一款让职能部门满意的产品十分困难。

虽然有些高校的信息中心没有集中的技术力量，但是重要的职能部门内设了信息科，有 2—3 名技术人员，职能部门的系统主要以委托公司开发为主，技术人员配合需求调研、实施和运维，有余力的也进行一些小的系统或模块功能的改进开发。虽然这有别于上述信息中心全部承担的模式，技术上也没有

信息中心那么强大，但由于这些人员长期在职能部门工作，对业务以及科室职员很熟悉，对工作进度和轻重缓急掌握得很好，实施操作起来灵活迅速，也比较容易让职能部门的信息化获得成功。因此信息中心应该主动呼吁或推动比较重要的部门增加信息技术人员编制，减轻信息中心的压力，先让有条件的部门把信息化搞好，也不失为一种好的策略。

信息中心和职能部门在技术人员承担工作上还有一种模式为"派驻制"，即信息中心派驻若干名技术人员到职能部门工作，协助职能部门完成业务信息系统建设及运维。如果信息中心人员富余，这是一个推进项目快速落地的好办法，但是要在人员管理方面与职能部门协商好，明确派驻人员的职责和"听谁指挥、对谁负责"，同时，解决好派驻人员的待遇、晋升、考核评优等问题，让他们有良好的归属感。

如果信息中心没有充足的技术人员，职能部门也无技术人员，而职能部门的领导甚至校级领导都认为信息化就是信息中心的事情，强制要求信息中心去做不可能完成的任务，有时短期可能会有一定效果，但从长远来看无论是系统开发和管理的可持续性还是安全性都难以保证。

当前，一方面，高校的组织形态、人才培养、管理服务、外部环境都在发生着深刻的变革，对信息化的快速反应有着越来越高的要求；但另一方面，我们经常遇到的情况是，参与高校信息化建设的公司产品成熟度不够高，定制化不够灵活，对业务理解不够深，后期服务跟不上，已经不能适应甚至严重制约学校信息化发展。信息中心自身拥有充足技术人员、掌握主流技术、可以进行快速自主研发、承担重要系统运维的模式可能是比较理想的信息化模式之一。高校信息中心应积极努力推进该种模式，向学校申请落实人员编制，或灵活采用开发人员外包服务，为我所用，建立一支"来之能战、战之必胜"的队伍，发挥集约化优势，与网络和信息化公司密切配合，共同把学校的信息化提升到一个新的水平。

2.5　什么体制是最理想的体制？

有没有最理想的信息化体制呢？高校信息化体制发展至今，"信息化领导小组—信息化管理协调部门—信息化服务部门"这种三层式体制，是目前大学体制下较为可行的信息化体制[18]。这种体制也是目前高校的主流的信息化体制。有的高校的信息化领导小组也称为网络安全和信息化领导小组；信息化管理协调部门一般为信息化办公室、信息化建设管理办公室或者信息化领导小组办公室等;信息化服务部门比较明确,就是常见的信息中心(或信息与网络中心等)。尽管很多高校都是这种三层体制,但实际上存在较大差别。

一是信息化领导小组是否发挥了作用。很多高校的领导小组职责比较含糊,例如大多只是说明其职责包括信息化重要事项决策等,而领导小组成员单位的职责并没有描述,例如人事处、财务处、宣传部等这些部门在领导小组中的职责是什么？大多数高校都没有明确。没有明确职责,小组成员履职就缺少必要的依据。根据清华大学尹霞教授对105所985高校和211高校的调查,虽然71%的高校设置了网络安全和信息化领导小组,但有明确的例会制度和议事规则的只占45%,一半以上未进入常态化运作状态,其他普通高校的情况可能会更糟糕。领导小组不能开展实质性工作,就无法发挥对信息化的统一谋划、统一部署、统一推进、统一实施的作用,领导小组未发挥应有作用,对于信息化管理和建设部门来说,就会缺少"领航者"和"主心骨",开展工作就会举步维艰。

二是信息化管理部门是否为实体。实体表示该部门应该有独立编制,有固定工作人员,可以统筹全校的信息化经费,有一定的管理权限,一般应为独立的职能部门。很多高校也有信息化管理部门,叫作信息化办公室或者领导小组办公室,但是,它要么挂靠在校办下面,校办主任兼任信息办主任;要么和信息中心合署办公(或领导小组办公室设在信息中心)。看似都成立了信息办,但其中差别很大。没有独立建制的信息办,要么力量有限,想干事,但心有余而力不足;要么给人感觉地位不高,存在感不强。如果没有独立的经费统筹权限,根本无法起到真正的协调作用。有的高校的信息办虽然没有经费统筹权限,但在重点信息化项目立项或验收报账前拥有签字权限,一定程度上有助于推进共享和集成问题的解决。但是到了签字环节,项目往往木已成舟,很难做出很大的改变,因此,其效果也十分有限。如果还没有成立独立的实体化的信息化办公室,从某一方面说明学校对信息化的重视程度还是不够,学校对于推动信息化发展的决心还不够大。

三是信息化服务部门的定位与能力。信息中心大都是在原来的网络中心或现代教育技术中心的基础上发展而来的,在原来承载校园网运行或多媒体教室管理服务的基础上,增加了信息系统建设运行的职能。也有一些学校的信息中心是和图书馆在一个单位,单位名称为图书与信息中心。单位类型大多为直属单位,性质属于教辅单位。因其定位为教辅单位,人员也定位为教辅人员。但高校信息化发展到今天,已不仅仅是只为教学提供辅助,还可以为科研、管理和服务等提供支撑和服务。因此这种教辅单位的定位,也让信息中心主任们自认为是"弱势单位"和"边缘化部门",在与职能部门交流时感觉力不从心,无法在信息化发展中起到应有的作用。

四是管理与建设之间的关系。实行信息化管建分离和管建一体化两种模式各有利弊。管建分离是指信息化管理部门(信息化管理办公室)和信息化建设部门(信息中心)两个单位完全独立,前者属于机关职能部门,履行信息化管理职能,主要包括信息化经费统筹管理、项目管理、安全管理、服务管理等;后者属于直属单位,履行信息化技术支撑职能,主要包括校园网及信息化基础设施建设运维、基础性公共信息系统和重要信息系统建设运维、网络安全技术管理等。管建分离模式的优点是职责清晰,形成制约和监督机制,管理部门可从全校角度考虑信息化发展规划和落地推进,技术支撑部门则专注于公共基础平台的技术实现和运维保障。其缺点是,由于两个单位相互独立,单位负责人的想法和思路可能存在不一致的情况,可能会出现管理部门认为该做或可以做的事情,技术部门却认为没有必要做或者做不了,管理部门在没有掌握技术部门资源的情况下,有些工作很难推动;而技术部门想做的事情,如果没有得到管理部门的认可,也很难实现自己的想法。因此在该模式下,两个部门如果合作顺畅,则信息化工作可快速推进;反之,则效率低下,严重影响学校信息化进展,分管校领导需要付出大量精力来协调两个部门。一种推荐的解决方案是,在运行初期,可以试行两个单位的主要负责人由同一人担任,技术支撑部门挂靠管理部门,由管理部门负责技术支撑部门的人员和资源分配等。管建一体化模式则相反,由于责任十分明确,不存在推诿扯皮的情况,沟通成本低,团队执行力能够得到保障。但它也有两个缺点,一是直接从教辅单位转成机关部门,在其他部门甚至本部门的心目中很难快速进行角色转换,机关部门和教辅单位(直属单位)在工作思路、工作方法上有很大差别,管理和服务的界限要尽量区分清楚,管理更强调规则和执行,服务更强调质量和用户体验;二是容易被其他部门所诟病"自己给自己批项目""做得好不好,自己说了算",资金使用缺少监管,从而影响信息化管理部门的公信力。

由此可见,同样是三级管理模式,细节上的差别也会影响体制的运作。即使是同样的体制,其成效也和信息中心负责人的思路、能力等关系很大。有了良好的体制,还要有良好的运行机制,才能真正发挥体制的力量。此外,体制的成功与否还和学校的文化、氛围等密切相关,所以很难说哪种体制是最佳体制,应该说适合自己的就是最好的。例如,在信息化发展初期,可能管建一体化模式更好,能够快速推进相关工作,迅速打开局面;当信息化发展到一定阶段,则需要进行明确的职责划分,进行规范化管理,实行管建分离模式则更好。

2.6 华中科技大学的信息化管理体制

和国内很多高校一样,华中科技大学的信息化体制在每个阶段也经历了不同的形态。1982年学校成立计算中心,引进了Honeywell DPS8/52、concept 32/2750 CAD系统、NCR、VAX-Ⅱ等中型、小型计算机,在当时的年代,其设备的等级、运管能力等均居于全国高校前列,通过为CAD设计、化学元素数据库构建等科研工作提供运行环境,为一些重要的科研项目的开展发挥了很好的支撑作用。20世纪90年代初的PC时代,学校建立了微机实验室,这为计算机技术在学生中的普及、计算机基础课程教学等立下了汗马功劳。20世纪90年代中期,作为中国教育和科研计算机网络华中地区网络中心,学校为校园网建设乃至华中地区高校的互联网建设贡献了自己的力量。在这个时期,学校信息化工作曾经一度走在全国高校前列,自主开发的科研管理系统、人事管理系统、教务系统、选课系统、财务系统等在提高学校管理能力方面发挥了很好的作用。2000年后,学校信息化发展严重滞后,由于体制、投入等各方面原因,导致学校信息化发展缓慢,一直没有建设"一卡通"系统,信息系统建设分散,数据不一致情况突出,信息安全事件频发,一度被认为是985高校中信息化水平相对落后的高校。2013年,常务副校长罗俊院士(现任中山大学校长)分管信息化工作,并对体制进行了调整,成立了实体化的信息化管理办公室。在校党委书记路钢和校长丁烈云院士的支持下,罗校长和湛毅青总会计师共同通过校银合作落实了充足的信息化经费,启动并基本完成了校园卡建设。罗校长去中山大学后,湛毅青总会计师分管信息化,推动信息化机构再整合,原信息化管理办公室和注册中心合并,成立了网络与信息化办公室(以下简称网信办),启动了《华中科技大学"十三五"信息化发展规划》编制工作,明确了信息化建设的路径。2015年,副校长梁茜分管信息化工作,《华中科技大学"十三五"信息化发展规划》正式出台,提出了"十个一"工程,又落实了信息技术人员编制,信息化建设逐步走上正轨;按照"补短板、强基础、上水平"的基本思路,学校成功建设了统一身份认证系统、统一信息门户、移动校园门户——华中大微校园、统一通讯平台、网站群平台、教师个人主页平台、网上办事大厅、师生服务中心等一系列公共平台,以及数字迎新、网上报账、OA系统、设备管理、采购平台等一大批业务信息系统,出台了近40个规章制度,理顺了安全管理等流程,信息化建设渐有起色,师生获得感明显增强。在这个过程中,华中科技大学原党委书记路钢和原校长丁烈云院士在信息化体制机制改革、信息技术人员编制等方面给予了大力支持,在关键时刻做出了决定性决策部署。现任党委书记邵新宇院士和校长李元元院士高度重视网络安全和信息化工作,多次召开专题会议研究学校的网络安全和信息化重点工作,强调要加快形成学校的网信优势,通过信息化手段助力推动学校治理体系、治理能力现代化,提高部门协同能力和学校管理效率,支撑学校精细化管理,将新的数据中心大楼列入建设规划并启动建设,学校网信工作进入了新时代。

经过多年的摸索,华中科技大学逐步找到了适合自己的信息化体制。在这种体制下,经多方共同努力,学校信息化发展明显加速,成效显著。学校发布了《华中科技大学信息化管理工作条例》《关于成立华中科技大学网络安全和信息化领导小组的通知》《关于部分机构调整的通知》(成立网络与信息化办公室)等文件,确立了比较完善的三层体制,如图2.3所示。

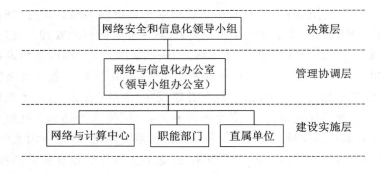

图 2.3　华中科技大学信息化体制示意图

1. 决策层：网络安全和信息化领导小组

校党委书记和校长任组长,分管信息化、宣传、校办、医学院的校领导任副组长,网信办、网络与计算中心、人事、财务、校办、保卫、学科与发改、基建、总务、教务、研究生院、学工、实设、科发、文科、图书馆、远程学院、医学院、重要附属医院等部处或直属、附属单位的主要负责人任领导小组成员。领导小组的主要职责是负责统一领导、统一谋划、统一部署全校网络安全和信息化发展,统筹制定网络安全和信息化发展战略、宏观规划和重大政策,研究解决网络安全和信息化重要问题。各成员单位也明确了各自的职责,例如,人事部门负责支持建立网络安全与信息化专业队伍;财务部门负责安排预算保障网络安全与信息化工作。领导小组下设办公室,办公室设在网信办,主任由网信办主任兼任,副主任分别由宣传部和网络与计算中心相关负责人兼任。学校网络安全与信息化领导小组属于学校信息化顶层机构，每年至少召开一次会议，会议主要内容如学习习近平总书记关于网信工作的重要讲话精神和《中华人民共和国网络安全法》；听取学校网络安全形势汇报并进行分析研判和工作部署；审议学校《"十三五"信息化发展规划》；听取上一年度信息化建设及经费执行情况的报告；审议当年度信息化建设入库项目；推动"一张表"工程等信息化重点工作等。

2. 管理协调层：网络与信息化办公室

网信办为学校独立的正处级职能部门，编制10人，下设综合科、项目管理科、网络安全管理科、信息管理科和注册中心5个科室。主要职责包括以下7个部分。

(1) 负责组织编制网络与信息化发展规划。2016年，由网信办牵头编制了学校"十三五"信息化发展规划。该规划成为信息化项目审批的重要依据，学校近几年来的信息化建设基本是围绕规划提出的"十个一"工程进行的。

(2) 负责制定网络与信息化相关管理制度和标准体系。为了理顺管理体制，网信办牵头出台了近40个校级规章制度，制定了数据标准、代码标准、智慧华中大系列标准、统一身份认证系统接入规范、微校园（移动门户）UI及接入规范、信息系统建设集成与共享要求规范、信息系统上线规范、信息系统安全检测、自助设备外观及界面规范等一系列规范等。

(3) 负责学校网络与信息技术安全的技术管理。负责对学校的网络与信息安全的技术管理（网信办负责技术安全；宣传部门负责内容安全，包括网络舆情、网络意识形态等）；制定网络与信息化技术安全管理的相关规章制度和流程；组织学校各二级单位签订网络与信息安全责任书；各二级单位网站的入群管理；信息系统安全等级保护的实施；各类网络与信息安全事件处置等。

(4) 负责学校网络与信息化预算、经费和项目管理。负责统筹学校信息化建设经费的预算及管理。学校信息化建设与经费均实行严格的管建分离，网信办属于管理部门，只负责经费的预算、申请、分配和拨付，不直接使用经费（专家评审费等必要的工作经费除外），对经费负监管责任；网络与计算中心和其他职能部门属于建设单位，具体使用经费，对经费负直接责任。按照"管钱的不用钱，用钱的受监管"原则，形成良好的监督制约机制。

(5) 负责信息化服务管理，开展信息化评价工作。负责接受对信息化服务的投诉，将信息化服务作为项目论证与审批的重要依据之一；协调各信息化建设单位对信息化服务进行改进和提升；制定信息化评价体系并实施。

(6) 负责基础电信运营商校内相关业务管理。负责各基础电信运营商校内光缆租用、基站建设运维等事务的协调与管理。

（7）负责各类学生的注册管理工作。负责全校本硕博（全日制和非全日制）及远程类学生的注册和基本信息管理工作。

3. 建设实施层：网络与计算中心，以及各职能部门、直属单位等

网络与计算中心的主要职责是负责校园网建设管理，负责云平台、基础数据库、数据交换与共享平台、统一身份认证系统、统一信息门户（含 PC 端门户和移动端门户）、校园卡等基础性、综合性信息化基础设施和信息系统等的建设，不负责各职能部门的业务信息系统的开发。具体包括校园信息网络的建设与运行维护管理；学校数据中心的建设与运行维护管理；网站群平台的建设与运行维护管理；校园卡系统的建设与运行维护管理；学校各类应用系统与校园卡系统对接；网络与信息安全防护体系的建设与技术支持服务；网络与信息前沿技术研究；高性能计算与大数据分析平台建设与运行维护管理；中国教育科研网华中地区网络的接入与运维等。

各职能部门和直属单位的主要职责是负责本单位的信息化建设，主要包括本单位信息化规划和实施；向网信办申请信息化项目，完成项目的招标采购和合同签订；作为甲方按照合同要求监督信息系统开发公司做好信息系统的开发；根据合同规定的进度，向网信办申请经费；对信息系统进行初验；提交网信办对信息系统项目进行验收；向公司支付项目建设费用；本单位信息系统的运行维护等。各单位主要负责人是本单位网络安全和信息化工作第一责任人。

2.7 华中科技大学信息化运行机制

除了体制之外，运行机制也同样重要。信息化同仁们交流最多的是：你们的体制是怎么样的？这个事情你们是怎么做的？其中，"怎么做的"实际上就是运行机制。华中科技大学在信息化体制理顺后，在运行机制上也下了很大功夫，下面"抛砖"供大家参考。

1. 发展规划：以信息化规划为纲，做好顶层设计

为了确定信息化目标和建设路线图，学校于 2016 年出台了"十三五"信息化发展规划。出台规划的过程经过了框架讨论、部门提供材料、征求部门意见、召开师生意见座谈会、提交领导小组会审议、提交学校常委会审议、作为校级文件发布等多个步骤。该规划出台的过程也是一个全校师生对信息化凝聚共识的过程,没有闭门造车,没有把规划做成信息化部门自娱自乐的游戏。该规划的语言通俗易懂,确定了"十个一"工程,明确了未来五年的信息化建设任务。"十个一"工程获得各级领导认可,深入人心,为未来信息化建设的目标方向、经费申请、项目建设、绩效评估等提供了较为明确的依据。具体可参见本书第 3 章"目标与规划"。

很多高校也制定了信息化规划,但执行的效果并不理想,主要原因可能有以下几点:一是规划制定的过程不够公开,征求意见不够充分,没有把规划制定作为凝聚共识的过程;二是规划没有作为校级文件或作为校级规划的子规划发布,权威性不够;三是规划的目标脱离了学校信息化实际,要么高了,实现起来有极大困难,要么低了,无法获得肯定或引起共鸣。

2. 制度建设:凡事有据可依,凡事明确规则,凡事明确流程

罗俊院士在分管学校信息化工作时,对信息化工作了提出了明确要求:"做事有依据,做事有流程,做事有记录,做事有效率。"要求"有规则的按照规则办;没有规则的制定规则。"正是他这种科学家的严谨精神为学校信息化建设在制度化、规范化方面打下了坚实了基础。信息化规章制度明确了信息化建设的原则、依据、职责、流程、措施等,为信息化建设和推进提供了有力的制度保障。例如,《华中科技大学信息化建设纲要》明确了信息化建设的主要方向和内容;《华中科技大学信息化管理工作条例》明确了信息化建设的参与主体之间的关系和职责边界;《华中科技大学信息化技术架构条例》明确了信息化建设的基本技术路线。针对信息化的各项具体工作,也制定了相关的制度,例如校园网管理、网络设备间、网络安全、漏洞整改等均有相应的制度。在信息化不断发展过程中,每有新系统上线,都有相关的制度配合,例如校园卡、网站群、统一身份认证系统、基础数据库、网上办事大厅、会议签到系统、自助设备等均建立了配套的规章制度。事实证明,这些规章制度在保障信息化建设方面起到了非常重要的作用,事情进展明显顺利多了,扯皮的事情明显减少了。此外,还应注重过程和痕迹管理,凡是召开过的信息化相关会议,均应有会议纪要,做到"做事有记录"。制度建设具体可参见本书第 4 章"制度与规范"。

3. 项目管理:抓住项目和经费关键,发挥统筹作用

网信办负责全校信息化经费的统筹管理,坚持的主要原则是"依据规划,科学论证;项目入库,三年滚动;全面提升,支持重点;提前启动,确保进度;据实拨付,提高效益;严格过程,保证质量"。信息化项目及经费管理共经历需求征集、项目整理、信息化经费总体预算申请、网信领导小组审批入库项目、项目申报、项目论证、分管校领导审批、立项、标书审核、招标采购、合同签订、项目建设、拨付首付款(30%)、中期检查、试运行及项目验收、建账并支付尾款(60%)、项目运行、质保期后支付尾款(10%)这18个环节,实现了信息化项目的全生命周期管理。网信办重点抓好项目论证、标书审核、合同签订、项目验收等几个关键环节,确保信息化建设符合学校整体要求,符合集成与共享的要求,确保新建的信息系统不会成为新的"信息孤岛"。坚持所有环节不走过场,信息化项目的过会、论证、验收等均追求资料齐全、依据充分、程序合法。具体可参见本书第6章"经费与项目管理"。

4. 建设管理:激发职能部门积极性,推动协同发展

为了提高职能部门建设信息化的积极性,职能部门提出建设申请,网信办重点审核集成与共享部门是否满足学校要求,面向管理的功能以部门意见为主,充分尊重其信息化需求。信息化项目招标由职能部门提交学校招标与采购中心采购,职能部门作为用户代表进入招标现场,给职能部门充分地表达选择开发公司的权利。签订合同后,网信办根据合同规定的付款方式和建设进度,将信息化经费拨付给职能部门,由其自主控制建设进度,自主决定是否支付款项。系统上线时,由网络与计算中心统一提供运行环境(包括硬件、虚拟机、数据库管理系统和中间件),统一进行源代码审计、安全漏洞扫描和人工渗透测试,职能部门只需要发布应用即可。网信办通过充分放权、积极服务,为各职能部门搭好信息化建设舞台,激发职能部门积极性,不断推出网上报账、网上办文、数字迎新、智慧医院等信息化建设的亮点工程,让他们充分感受到信息化带来的便利和荣耀,通过打造"信息化建设共同体",推动学校信息化建设协调发展。

5. 安全管理:扎牢信息安全的篱笆,打好网安防护战

学校深刻领会"网络安全和信息化是一体之两翼、驱动之双轮"之精神,始终把网络安全作为信息化的重点工作。为了提高网络安全意识,学校领导在领导小组会议、各单位网信联络员会议等场合上,反复强调网络安全。二级单位签订网络安全责任书,建立网络安全体系,落实责任。逐步建立"攻击能防护,问题能追溯"的网络安全技术防护体系。基本已完成全校各类网站入群管理,减少普通网站存在的漏洞风险。严格信息系统上线程序,所有信息系统上线必须先经过源代码审计、安全漏洞扫描和人工渗透测试三道程序。发现安全漏洞,严格执行漏洞整改程序,整改完成后再上线或开放。强化安全事故管理,一旦发生安全事故,按照"先关停、后报告"的原则处置,做好安全事故的事前、事中和事后处理。具体可参见本书第9章"网络安全管理",以及本书姊妹篇《高校信息化建设与管理——技术篇》中第5章的相关内容。

华中科技大学当前的信息化管理体制适合于学校现阶段的情况,与华中科技大学"简单、干事"的文化理念相关,仅供兄弟高校参考。

2.8 结　　语

中国高校正在进行"双一流"建设,无论在人才培养、科学研究还是社会服务等方面都在经历深刻的变革,学校治理体系和治理能力的现代化需求日益迫切,对信息技术的需求强烈,信息技术与教育教学的深度融合将成为教育现代化的显著特征。学校应该理顺信息化管理和建设的体制机制,重视信息化部门的队伍建设,做好顶层设计,更好地发挥信息化对"双一流"建设的支撑作用。

参考文献

[1] 北京大学计算中心大事记[EB/OL]. https://cc.pku.edu.cn/center_7.jsp.

[2] 清华大学计算机与信息管理中心历史沿革[EB/OL]. http://www.cic.tsinghua.edu.cn/publish/cic/302/index.html.

[3] 华中科技大学网络与计算中心历史沿革[EB/OL]. http://ncc.hust.edu.cn/zxgk/lsyg.htm.

[4] 中国教育和科研计算机网 CERNET 大事记[EB/OL]. http://www.cernet20.edu.cn/event.shtml.

[5] 复旦大学信息化办公室部门概况[EB/OL]. http://www.ecampus.fudan.edu.cn/8263/list.htm.

[6] 李逢庆,桑新民. 高校信息化建设中的 CIO 角色研究及启示[J]. 复旦教育论坛,2009,7(1):25-29.

[7] 李雅琴. CIO:高校信息化建设亟待管理机制创新[J]. 现代教育科学,2010(2):128-131.

[8] 沈培华. 数字化校园呼唤 CIO[J]. 中国计算机用户,2003(8):15.

[9] 童伟.大学资源计划(URP)探讨——从 UPR 和 CIO 角度[D].南京:河海大学,2008:7.

[10] 蒋东兴,刘臻,沈富可,等.高校智慧校园建设呼唤 CIO 体系[J].中国教育信息化,2016(7):1-2.

[11] 刘永贵,赵建民.中美大学信息化体制及影响因素比较研究[J].现代教育技术,2012(2):5-8.

[12] 李茂国.高等教育信息化建设模式思考[J].中国教育信息化,2016(131):32.

[13] 田茂永,刘湘明.中国 CIO 状况[J].我国信息界,2003(5):18-19.

[14] 工业和信息化部办公厅关于印发《企业首席信息官制度建设指南》的通知[EB/OL].http://www.miit.gov.cn/n1146285/n1146352/n3054355/n3057757/n3057759/c3546842/content.html.

[15] 刘永贵.美国高校 CIO 领导力结构及其培养策略研究[J].中国电化教育,2011(10):48-53.

[16] "中国高校 CIO 论坛"五年记[J].中国教育网络,2018(12):10.

[17] Peter Aiken,Michael Gorman.首席数据官实战:重铸高管团队,充分利用最有价值资产[M].刘晨,宾军志,译.北京:清华大学出版社,2015:69.

[18] 刘俣.浅析高校信息化建设的体制机制[J].福建电脑,2016(7):161-162.

3

目标与规划

3 目标与规划

信息化建设要想获得持续发展,必须要有顶层设计,信息化发展规划是进行顶层设计的主要载体。编制一个科学的信息化发展规划,并且按照规划推动学校信息化建设,对提高学校信息化建设效率和建设水平具有重要意义。信息化规划的制定和实施都需要掌握一定的方法。

3.1 信息化规划的定义和内涵

信息化规划,也称为IT战略规划或IT系统规划,是由美国著名战略系统专家查尔斯·惠斯曼(Charles Wiseman)于1988年在其著作《IT战略系统》中提出的。IT战略规划是指在IT战略的指导下,企业寻找以及确定信息技术在整个企业内的应用领域,并以此创造出超越竞争对手的优势,进而实现企业战略目标的过程[1]。

相较于企业,高校信息化规划起步较晚,英美高校大致在2000年以后才将IT战略规划引入到大学信息化建设中;国内高校做信息化规划也就是近10年的事情。2012年3月,教育部出台了《教育信息化十年发展规划(2011—2020年)》,揭开了国内高校正式开展信息化规划的序幕。

到目前为止,没有针对高校信息化发展规划的定义。笔者认为,高校信息化发展规划是指为支撑大学实现人才培养、科学研究等根本任务和总体战略目标,在对学校现有管理服务以及信息化现状研究分析的基础上,提出未来若干年信息化建设的远景、目标和战略,并制定出路线图的文本。信息化规划分为中长期规划和短期规划,中长期规划是指未来五到十年甚至更长时间的规划(信息技术发展太快,规划的时间太长也没有太大意义),短期规划则是指未来三年左右的规划,也可称为行动计划。

3.2 信息化规划的意义

很多高校信息化发展到一定阶段时,会认为自己走了很多弯路,很希望自己的信息化是一张白纸,就没有那么多遗留系统了。能够在一张白纸上进行信息化建设当然是最理想的,但它不太现实。比较现实的方法应该是着眼于当前实际,制定合理的规划,通过信息化规划有步骤地推进信息化工作。

1. 为信息化建设提供依据

信息化规划可以确定信息化目标,描绘未来信息化发展愿景,通过明确建设任务来逐步达到目标。每个任务都是未来信息化建设项目的依据,只有先制定规划,才能避免建设的随意性,防止进入"想到哪儿建到哪儿,别人建什么咱们也建什么""因为当时没想好,所以没建好,只好推倒重来"的窘境和怪圈。

2. 最大程度凝聚共识

很多学校在信息化建设过程中,领导和师生对于未来信息化建设成什么样心里没有底,而做规划就是要让领导和师生明确未来信息化要做成什么样、准备怎么做、主要做哪些内容。一个规划的出台要经过很多的程序,包括起草、征求职能部门和院系意见、征求教师代表和学生代表意见等。征求意见的过程其实就是一个凝聚共识的过程,只有凝聚了共识,信息化才更容易推进。

3. 明确部门职责和分工

信息化部门和职能部门在信息化建设的过程中应该如何进行分工,各自承担什么职责,是困扰信息中心主任的一大难题。这一难题可以通过信息化规划来化解。信息化规划可明确信息化建设原则,这个原则就包括信息化建设是由信息化部门大包大揽,还是业务信息系统由职能部门负责建设,信息化部门只负责基础性、综合性系统建设的问题的明确。通过信息化规划明确分工,有利于减少建设过程中的推诿扯皮。

4. 为信息化建设提供保障

高水平的信息化必须要有充足的保障才能实现,尤其是体制机制保障、队伍保障、经费保障、空间保障等,都需要在信息化规划中明确。规划中的保障措施都落实了,条件都具备了,信息化建设才能事半功倍,提高成功率。

3.3 信息化规划的制定方法

1. SWOT 分析法

SWOT 分析法是制定战略规划时经常使用的方法,是一种基于内外部竞争环境和竞争条件下的态势分析法。该方法将与研究对象密切相关的各种主要内部优势、劣势以及外部的机会和威胁等通过调查列举出来,并依照矩阵形式排列,然后用系统分析的思想,把各种因素相互匹配起来加以分析,从中得出一系列相应的结论[2]。对高校信息化来说,S(Strengths)是优势,可列举学校已有的信息化基础、已取得的信息化主要成绩;W(Weaknesses)是劣势,可分析学校信息化方面存在的主要问题;O(Opportunities)是机遇,可分析学校信息化所面临的有利外部环境,例如国家越来越重视信息化、师生信息化素养越来越高、职能部门对信息化的认识不断提高,等等;T(Threats)是挑战,可分析学校信息化所面临的不利外部环境,例如信息安全问题严重、高水平信息化人才难寻、可靠的信息化合作伙伴不好找,等等。通过进行SWOT分析,学校可明确优势,找准问题,确定目标,然后围绕目标并针对存在的问题确定未来信息化建设的任务。

2. 调查分析法

没有调查就没有发言权,规划制定前必须利用调查分析法进行充分的调研。调查分析法是指通过面谈、线上或线下问卷调查等方式收集、了解事物详细资料数据并加以分析的方法。调查的对象主要是信息化的利益相关者。高校信息化的利益相关者主要包括教师、学生、管理人员、服务人员、信息技术建设及运维人员、校友、学生家长等[3]。其中教师和学生是信息化的主体用户,信息化规划应为教师和学生提供良好的IT基础[4]。对这些群体还要进一步细分,例如教师又可分为教育类、信息类、计算机类和其他类,各类教师对信息化的需求和理解的角度不同,可能会有不同的意见和建议;学生可分为本科生、研究生、留学生、远程类的学生等;管理人员可分为普通管理人员、部门从事信息化建设管理的人员、部门领导、学校规划部门人员和学校领导等,不同层次和不同类别的管理者,对信息化的需求和理解也存在差异。只有明确了利益相关者,才能做到全面分析其利益诉求,从而找到最大公约数,以最快速度达成各方共识。调查的方式包括问卷调查、召开座谈会等。调查的内容包括对信息化现状的意见和建议、对未来信息化的总体期望、对具体信息系统的要求,以及对经费投入、保障措施、体制机制的需求等,针对不同人群,调查内容也不同。

3. 案例分析法

对于初次制定信息化发展规划的高校来说,对同类高校、本地区高校,以及标杆高校的信息化成功案例或信息化规划进行研究,是一种快速有效的分析方法。诺兰模型可以帮助高校大致定位本校信息化所处的发展阶段,然后围绕学校总体发展目标,再结合当前技术发展形势,根据师生需求,开展本校信息化规划的制定。有些学者也对一些高校的信息化成功之道进行了研究,这些案例都可为我们制定及实施规划提供借鉴[5][6]。

4. 信息系统规划方法

信息系统是学校信息化建设的重要组成部分,信息系统规划也是信息化发展规划的重中之重。信息系统在企业中的应用早于高校,传统的企业信息系统战略规划可以围绕以数据为中心、以决策信息为中心、以运营流程为中心、以项目为中心等四个维度进行规划[7]。

企业信息系统规划的常用方法包括企业系统规划法(Business System Planning,BSP)、关键成功因素法(Critical Success Facts,CSF)和战略目标集转化法(Strategy Set Transformation,SST)等。企业系统规划法是一种依据组织的目标制定出管理信息系统战略规划的结构化方法;关键成功因素法是通过对关键成功因素的识别,找出实现目标所需的关键信息集合,从而确定信息系统开发的优先次序;战略目标集转化法把整个战略目标看成"信息集合",由使命、目标、战略和其他战略变量组成,管理信息系统的战略规划过程是把组织的战略目标转变为管理信息系统战略目标的过程[8][9]。此外,还有信息工程法(Information Engineering,IE)、战略格栅表法(Strategy Grille,SG)和价值链分析法(Value Chain Analysis,VCA)等。

高校虽与企业不同,但企业的信息系统规划方法可供高校参考借鉴。到目前为止,尚没有一套针对高校信息系统或信息资源规划的完整的标准或方法。清华大学蒋东兴等于2004年提出了大学资源计划(University Resources Planning,URP)的概念,提出基于URP方案的数字校园体系结构为"1+N+1",即1个基础平台、N个应用和1个信息门户[10]。随着技术的发展,一些专家又进一步提出了高校智慧校园架构模型(如图3.1所示)[11]。数字校园或智慧校园都属于高校信息化规划的技术组成,信息系统规划也属于数字校园或智慧校园整体架构的组成部分(除了信息系统,还有网络、基础设施、运维等),为高校信息化总体架构提供了指导。

近年来,随着技术的快速演进和高校信息化的蓬勃发展,出现了很多关于智慧校园建设方法或体系的探讨,例如基于数据聚合的智慧校园体系、以流程驱动的智慧校园体系、基于教育大数据体系的智慧校园架构、基于物联网架构的智慧校园体系、基于微服务架构的智慧校园体系,等等。这些理论或方法尚不成熟,也无法统一,各高校可根据自身情况选择其中若干模型作为参考。

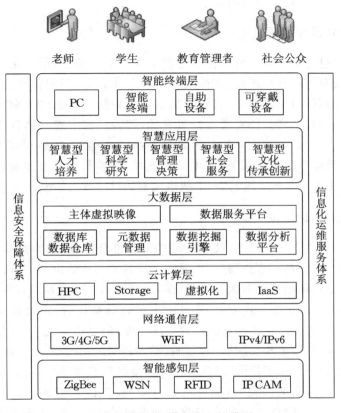

图 3.1 高校智慧校园架构模型

3.4 信息化规划的要点

1. 提高规划层次

高校的规划一般为一总三分,也称为"1+3"。一总是指学校的总体发展规划、"十三五"发展规划或事业发展规划等,是学校的总体规划;为了落实总体规划,学校还要制定学科建设与发展规划、师资队伍建设规划和校园建设规划三个子规划。应努力提高信息化规划的层次,把信息化规划作为学校总体规划的子规划,即让学校的规划从"1+3"变为"1+4",增加信息化规划的权威性。如果仅仅把信息化规划作为一个部门级的规划,则规划的编制难以受到重视,规划的执行也会遇到困难。

2. 确立指导思想

学校信息化规划是学校总体事业发展规划的一部分,信息化发展目标要与学校发展总体目标相匹配,不能脱离学校总体目标,否则将成为空中楼阁,失去制定规划的目的和意义。因此,信息化规划的指导思想一定要明确提出信息化是为学校实现总体发展目标服务的,即为学校实现总体目标起到支撑甚至引领作用。如美国康奈尔大学2013—2017年的IT战略规划就是从学生成长服务、教师教学技术服务、学术研究支撑、大学管理信息系统、IT服务和IT人员等几个方面来描述大学IT战略规划的目标及内容设计[12]。

3. 明确目标定位

美国马里兰大学在其IT战略规划的前言部分提出:我们要革新理念,不再将IT视为奢侈品或者附属物,而是大学最基本的战略资产,要认识到IT的价值在于,它重新定义了对大学教学、学习、研究、创新、高效运行而言,什么是可能的事情[13]。可见马里兰大学已将IT放在战略位置,定位很高。虽然国内高校对于信息化的定位尚无法达到上述高度,但总体来说,高校信息化已经从"数字校园"阶段逐步发展到"智慧校园"阶段,因此"十三五"信息化发展规划的目标也应该定位于建设"绿色、稳定、安全的智慧校园"。对于部分信息化基础相对比较薄弱的高校,目标可以适当降低,但也要明确在学校的人才培养、科学研究、管理服务等方面信息化规划能提供哪些支撑、达到何种目标。

4. 确定建设原则

规划制定应遵守自觉性原则、公共性原则、系统性原则、差异化原则和可操作性原则[14]。规划编制过程中应遵循公开性、包容性和互动性原则。信息化规划决定了未来若干年信息化建设的主要思路、方法、目标及路径等,因此必须明确建设原则。建设原则一般包括规划实施步骤、信息化建设方法、主要理念、建设思路、体制机制等,应对建设原则进行充分的锤炼,让学校各部门明白未来应该如何配合信息化部门进行建设,以及自身应承担的责任。

5. 制定路线图

路线图是确保规划落地的重要内容,同时也是制定战略规划的一种方法。路线图包括起点、目标、过程和手段几个部分。提出规划目标后,从起点到目标如何实现?实现的过程需要哪些资料、手段和任务?对于信息化规划来说,主要是通过信息化项目和工程的建设来完成任务,这也是规划中最为重要的部分。应对项目和工程进行分类、归纳、统筹和提炼,避免信息化项目"摆长龙阵",各项目之间的有机联系要说清楚。例如《华中科技大学"十三五"信息化发展规划》的目标是要建设 26 个(类)大的项目,全部归纳入"十个一"工程,其中"五个一"是在技术上打基础,另外"五个一"是在服务师生和管理上见成效,两部分互为依赖,是一个有机的整体。

6. 落实保障措施

确定建设目标,明确建设任务或项目后,还要有相应的保障措施来保证规划的顺利执行,否则,目标再美好,任务再明确,也难以实现。保障措施主要包括机制保障、队伍保障、经费保障、空间保障等。机制保障是要通过建立健全完善的信息化管理服务机制,推动规划落实;队伍保障是要明确增加人员编制,灵活进人用人政策,确保信息化可持续发展;经费保障是要满足完成规划建设内容所需要的经费要求;空间保障是要提供支撑信息化正常运行和发展的机房、服务场所等。

3.5 信息化规划应注意的问题

1. 加强调查研究

信息化规划是全校性的规划,参与面必须够广,应尽可能发动全校相关人员参与。首先,要对学生和教师进行需求调研。师生是信息化的最大用户群体,规划建什么、怎么建,他们有发言权。应通过问卷调查或座谈会的方式进行意见征集,问卷调查的内容包括校园网覆盖、开户、认证、上网速度和体验,希望建设或改进哪些信息系统,等等;对教师开展调研,还应对教学信息化、科研信息化、管理信息化、服务信息化等多个方面征求意见。其次,要对各机关职能部门征求意见。应征求他们在管理、服务、数据共享、流程优化、系统建设运维等方面的意见,可要求各部门提供本部门未来若干年的信息化发展规划或思路,以作为规划起草的重要参考。最后,要对校领导征求意见。应征求其关于信息化对学校总体发展目标的支撑,以及信息化对学校人才培养、科学研究、社会服务和学校管理决策服务等方面的意见和建议。美国布朗大学为了完成该校的 IT 战略规划,采访了超过 120 位布朗大学相关人员,与 70 多名教师进行交流,获得了350多名本科生和30多名研究生对教学技术方面的意见和需求[14]。

除了进行校内调研外,还应到校外信息化标杆学校、同类型学校、本地区学校进行充分调研,吸收其他学校的教训,借鉴成功的经验。

2. 注重出台程序

规划的制定过程是一个凝聚共识的过程。应充分调动各部门和师生的积极性,扩大参与面,要深刻认识到信息化规划是全校业务信息化的规划,而不仅仅是信息化部门自身的规划,信息化部门只是牵头起草规划,落实规划需要大家的共同努力。出台信息化规划至少要经过如下程序。

(1)前期调研。通过整合师生意见、各部门提供的信息化规划材料和其他高校规划案例,形成规划初稿。

(2)征求意见。可通过书面及网上征求意见,召开二级单位负责人座谈会、师生代表座谈会,提交信息化领导小组或教代会讨论审议等多种形式,充分征求并吸收各利益相关者意见。对于重要的领导和部门应进行多轮征求意见。

(3)专家评审。规划基本成稿后,应组织专家进行评审,吸收专家意见,确保规划的科学性和专业性。

(4)部门会签。通过专家评审并根据专家意见修改后的规划在上会前,要正式由各相关部门会签,得到各相关部门的最终认可。

(5)上会审议。让信息化规划成为学校官方文件要经过严格的程序,例如要通过学校党委常委会或校长办公会的审议,审议通过后,以公文形式向全校发布,成为学校的重要文件。

3. 注意语言风格

信息化部门在制定信息化规划时,有时喜欢堆砌一些技术性的文字,导致规划晦涩难懂。应注意规划的阅读者不仅仅是技术人员,更多的是校领导、各职能部门领导以及师生阅读,太多生涩的技术内容只会让人失去阅读下去的兴趣,也就更难获得他们的支持。因此,规划文字既要注重规划内容的专业性又要注意文字的平实性,除文字外,还可以使用表格、图例,让内容呈现形式更加丰富。例如在制定目标时,可以通过表格将当前指标与目标指标进行对比,一目了然。还可以对文字进行提炼,提炼出人人都可以说的简短词语,如"十个一"工程、"135"工程,等等。

3.6　信息化规划的实施

1. 实施情况

有学者研究表明,我国高校战略规划实施问题表现为"无执行""执行乏力""执行偏差"三种类型,其中"不执行"指战略规划没有落实或是战略规划本身无法执行[15]。甚至有学者认为不少高校的规划都是"应景之作",没有发挥应有的作用[16]。如果学校总体战略规划执行效果都是如此状况,信息化规划的实施情况就更是堪忧了。

2. 原因分析

(1) 信息化规划编制缺乏自觉性。很多高校的信息化规划编制都是为了配合上级部门要求,觉得好像没有规划不行,为了规划而规划,缺少规划编制及执行的自觉性。规划完了也就完了,至于规划出台后如何执行,较少的人会关心,且缺少监督和检查。

(2) 信息化规划缺少权威性。规划编制仅由信息化部门内部人员起草、内部讨论,没有广泛征求师生及管理部门的意见,没有经过学校层级会议的审议,也没有作为学校的文件正式发布,缺少执行的群众基础和法理基础。

(3) 信息化规划缺少约束力。规划的执行必须对目标进行分解,落实责任,配套相应的资源进行保障。美国爱荷华大学的预算遵循规划,将规划的目标细分为 32 个分目标,并且对其中 24 个分目标进行指标化(量化),分别由校领导担任第一责任人[17]。

3. 实施要点

(1) 制定保障措施。在规划中明确各项保障措施,对总体目标进行分解,每个分目标明确责任校领导和责任部门。信息化规划是全校性规划,不应全部由信息化部门承担实施责任,相关职能部门应承担本部门、本战线的信息化责任。对规划执行情况每年进行评估和绩效考核,考核结果与部门的网络安全和信息化考核、信息化经费等挂钩。

(2) 定期修编规划。对规划的执行情况,每年按照 PDCA(Plan-Do-Check-Action,计划—执行—检查—行动)方法进行管理,根据执行情况定期对规划进行修编。执行过程中发现过高或过低的目标应进行调整,并据此调整相应的项目、任务和分工等,确保规划的科学性、合理性和可操作性。

3.7 华中科技大学"十三五"信息化发展规划

华中科技大学于2015年启动"十三五"信息化发展规划的编制工作,先由各部门提供本部门未来五年信息化发展规划或计划,再通过座谈会、网络、书面等方式广泛征求师生意见及部门会签意见,后经学校网络安全与信息化领导小组审议,于2016年5月10日提交学校党委常委会审议通过,并以校信息化〔2016〕9号全校发文。《华中科技大学"十三五"信息化发展规划》全文14000余字,共分为5章。

规划出台过程中各程序充分,规划提出的"十个一"工程深入人心。规划自发布以来,已成为学校信息化建设的纲领性文件。学校根据规划不断完善各项规章制度,制定每年的信息化工作要点,确定每年的信息化建设项目。规划稳步推进,至"十三五"末,"十个一"工程绝大部分都已完成,信息化目标基本实现,规划在学校信息化建设发展过程中发挥了重要的顶层设计作用。

该规划主要内容包括以下方面(全文可参见《高校信息化建设与管理——制度篇》一书中相关章节内容)。

1. 现状分析

(1) 取得的主要成绩(S):校园网络基础设施国内先进;数据中心建设初见成效;信息系统与资源建设陆续开展;网站建设颇具特色;网络安全防护体系稳步建立;运维服务体系初具雏形;保障体系有效落实。

(2) 存在的主要问题(W):信息化基础设施有待加强;信息化应用水平不高;网络与信息安全体系亟须完善;高水平信息技术队伍严重缺乏。

2. 机遇与挑战

(1) 机遇(O):国家高度重视信息化;信息技术日益成熟;学校及师生对信息化需求强烈。

(2) 挑战(T):信息技术人才竞争激烈;教育信息化产品成熟度不高、国产化不够;网络与信息安全形势严峻;信息技术发展迅速,产品更新换代频繁。

3. 指导思想与目标

(1) 指导思想:以学校"十三五"事业发展规划总目标为依归,建设安全、绿色、先进的"智慧校园",突出"以用户为中心"的理念,运用互联网思维建设推广各类信息化应用,让信息化贯穿一切管理和服务工作,培育信息化工作的"新常态",全面支持学校培养英才、提升科研效能和提高治理能力,助力学校综合实力显著提升,为学校建成世界一流大学提供坚强有力的信息化支撑。

(2) 建设原则:统一规划,分步推进;统筹建设,协作融合;业务主导,开放共享;创新引领,绿色安全;用户为先,注重体验。

(3) 建设目标:建设安全、稳定、绿色的信息化基础设施和支持泛在学习的数字化教学与科研资源,利用"互联网+"实现"一站式"服务,建立大数据分析平台,通过"十个一"工程建设,最终建成全国一流的"智慧校园"。

(4) 信息化规划建设内容的组成框架如图 3.2 所示。

4. 主要任务

(1) "全校一张网"工程。校园地下信息管网建设;校园核心网络及出口建设;校园无线网络覆盖。

(2) "基础一平台"工程。数据中心建设;现代化绿色 IDC 机房建设。

(3) "网站一个群"工程。网站群平台建设;学校主页建设;二级单位网站及专题网站建设。

(4) "数据一个库"工程。基础数据库建设;信息标准建设;数据交换与共享平台建设;数据治理;大数据分析平台建设;教学信息化资源平台建设;数字图书馆建设;数字档案馆建设。

(5) "集成一总线"工程。利用总线技术推进系统集成;升级和完善业务信息系统;推进跨部门业务流程重组信息化。

(6) "上网一个号"工程。统一身份认证系统建设。

(7) "信息一个站"工程。统一信息门户建设;校园微门户建设。

(8) "消息一通道"工程。统一通讯平台建设。

(9) "校园一张卡"工程。校园卡系统建设。

(10) "办事一张表"工程。网上办事大厅建设;网上填表系统建设。

5. 保障措施

安全保障;机制保障;队伍保障;经费保障;空间保障。

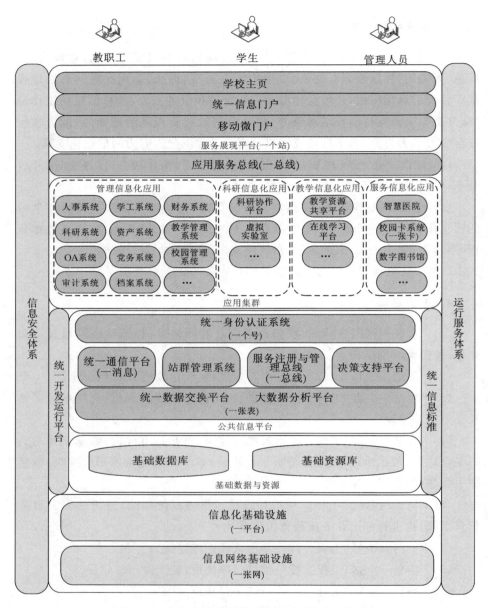

图 3.2 信息化规划建设内容的组成框架示意图

3.8 结　　语

由于各高校信息化基础、发展阶段、保障条件、学校定位、校园文化等方面均存在较大差异，因此，信息化规划的制定和实施应立足本校实际，切忌照抄照搬，只要能促进本校信息化发展的规划都是好规划。目前"十四五"即将到来，"十四五"信息化发展规划的编制对我们来说是个新的机会，高校可通过编制"十四五"信息化发展规划，将本校的信息化提高到一个新的水平。

参考文献

[1] 吴练.企业IT战略规划及其管理方法探析[D].成都：西南财经大学，2013.

[2] 百度百科.SWOT分析法[EB/OL].https://baike.baidu.com/item/SWOT%E5%88%86%E6%9E%90%E6%B3%95/150223.

[3] 谢同祥.教育信息化系统规划及其知识咨询系统研究——基于区域的中观视角[D].南京：南京师范大学，2008.

[4] 刘臻.大学IT规划：让师生更好地成长[J].中国教育网络，2014(2-3)：13-17.

[5] 刘永贵,赵建民.我国大学信息化建设的成功之道——基于五所大学的个案研究[J].开放教育研究，2012,18(2)：107-112.

[6] 万金花.浅谈高校信息化规划的六个关键步骤——基于四所高校信息化规划方案的比较分析[J].科协论坛，2013(11)：167-168.

[7] 潘自强,黄丽华,熊伟,等.信息系统战略规划方法及其组合策略的研究[J].管理科学学报，1999(3)：43-49.

[8] 胡进.信息化规划与ERP选型方法[J].现代经济信息，2009(22)：323.

[9] 王丹莉.西北地区工科类高校教育信息化规划研究[D].西安：西北大学，2011.

[10] 蒋东兴,史宗恺,陈怀楚,等.大学资源计划的方案研究[J].清华大学学报：自然科学版，2004,44(4)：572-576.

[11] 蒋东兴,付小龙,袁芳,等.高校智慧校园技术参考模型设计[J].中国电化教育，2016(9)：108-114.

[12] 刘臻.美国大学IT战略规划的特点和启示[J].中国教育信息化，

2013(13):38-40.

[13] 刘永贵.以IT推动创新:马里兰大学IT战略规划解读[J].中国教育网络,2014(2-3):37-40.

[14] 钱佩忠,宣勇.我国大学战略规划制订:问题、原则与方法[J].理工高教研究,2009,28(4):53-56.

[15] 齐明明,刘静.我国高校战略规划执行研究:进展、内容与方法[J].现代教育管理,2015(5):10-15.

[16] 别敦荣.发展规划是学校改革与发展的航标[J].高等教育研究,2005(4):55.

[17] 湛毅青,彭省临.美国高校战略规划的编制与实施研究——以爱荷华州立大学为例[J].现代大学教育,2004(4):46-51.

4

制度与规范

在前面的破局策略中提到，要通过建立一系列的信息化规章制度来推动和保障信息化建设。保障措施有经费保障、队伍保障、空间保障、体制机制保障和制度保障等，有些保障措施是"硬"措施，例如经费、队伍、空间等，而制度保障是"软"措施，同样也十分重要。良好完善的规章制度体系将有助于信息化的长远发展，避免建设的反复。规章制度的建设有很多需要注意的地方，本章将主要讨论信息化规章制度的建设方法。

4.1 制度与规范的必要性

1. 提供管理依据

"没有规矩不成方圆"，信息化管理是一项庞大的系统工程，其内容极其丰富，几乎涵盖学校各项活动，包括教学、科研、管理和服务等多个领域。如果制度不完善，会导致在实际工作中无据可依、无章可循，仅凭个人经验或口头约定做事，随意性大，不能保证信息化工作的延续性。而且，如果没有完善的制度作为保障，那么也会导致职责不清、界限不明，后续的工作推进就会困难重重。因此，规章制度的建设为理顺管理体制、规范管理流程、明确管理职责提供了政策依据，为信息化工作合法、合规、有序地推进提供了制度保障，可以有效减少推诿扯皮的现象，降低管理成本。

2. 确保有序开展

高校信息化建设是一项基础性、全局性的工作，是一项投资大、涉及领域广、参与单位多的系统性工程，规章制度体系的建设将对高校信息化规范建设、高效推进起到很大作用。通过制定管理制度和行为准则，可以有效保障信息化项目从立项、招标、建设、实施、运维、安全、考核等环节的有序开展[1]。加强制度建设和科学规范的管理，是信息系统能够正常运转和有效应用及推广的保证。信息化管理制度能够通过规章化和内部法律化形式，建立信息系统稳定、有效运行的机制[2][3]。

3. 推进部门协同

一般来说，信息化项目建设最难的并非技术，而是项目涉及的部门太多，部门之间的协同配合影响着项目的进度甚至成败。每个部门在信息化推进工作中承担着不同的职责和任务,不同的部门有各自的办事特点和风格,甚至部门领导都有自己的个性,各部门对同一件事情的理解和认知也容易不一致,从而出现各部门信息化建设各自为政的局面。信息化规章制度的建立能够有效地解决这一难题,通过建章立制,明确各部门的职责分工和工作流程,对某些事项进行明确的解释、说明和约定,为部门之间的协同形成"契约",减少执行过程中各种不确定因素带来的干扰。

4. 提高办事效率

信息化的主要目的之一是通过先进的信息技术手段为师生提供优质便捷的服务,涉及教学、科研、学籍、注册、出国(境)、校园网、校园卡、后勤维修等服务。在无章可循的情况下,为师生服务的信息系统就有可能随意建设,从而出现系统分散、信息重复填写、系统风格及数据标准不一、师生办事体验不佳的局面。因此,需要出台规划和建立规章制度,明确服务型信息系统的建设规范和标准,推进数据共享,建设统一入口,尽量减少"信息孤岛"。同时要建立师生投诉建议和绩效评价的制度,畅通师生建言通道,切实提高通过信息化为师生服务的效率和水平。

5. 加强风险防控

一方面,健全的管理制度可以从源头防范职务风险。通过建立或完善一些风险管控的制度或流程,制约措施,控制各部门在经济层面的责权利。以信息化经费管理办法为例,文件详细规定了项目经费的申请、审批及使用范围等管理要求,确保专款专用,有效防范"挤占串乱"等问题,可以从源头上遏制和减少腐败的发生,预防职务犯罪风险。另一方面,制度为网络安全建立风险防控墙。高校网站和信息系统越来越多,存在的安全漏洞往往难以发现,或者发现了也不知道向谁报告,信息化管理者无法全面掌握系统漏洞情况,导致信息系统运行存在较大风险,网站遭受黑客攻击、入侵,导致宕机、信息泄露等安全问题时有发生。因此亟需完善相关制度建设,加强网络安全建设管理,建立信息系统从立项、建设、上线、运维、等级保护、安全事件处置的全流程风险控制制度体系,尽量防范各类风险发生。

4.2 规章制度分类

高校制度建设是一项系统工程,孤立的制度难以真正发挥作用[3]。信息化规章制度作为高校规章制度的一类,本身也是一个复杂的体系,在制定各个具体管理办法的同时,要考虑各制度间的相互衔接及相互关系,确保各类制度在层次、标准、覆盖面上做到相互贯通、衔接、配套,避免出现矛盾或空白区,带来制度执行的困难。

根据规章制度发文等级来分,信息化规章制度可分为校级规章制度和部门级规章制度。校级规章制度是指面向全校各单位且较为重要的文件,要经过学校审批,使用学校文号发文;部门级规章制度是指一些具体的工作流程、工作细则、操作规范、操作章程等,由信息化管理部门或技术部门发布。规章制度可以以章程、发展规划、管理条例、工作条例、管理办法、管理规定、实施细则等文件的形式具体呈现。对于情形不够明确等原因而文件不够完备,未来需要进一步完善的,可以在标题上加上"试行"或"暂行"字样。根据文件管理的内容和对象,以华中科技大学信息化规章制度为例,校级信息化规章制度大致可以分为以下几类。

1. 发展规划类

发展规划类文件在学校规章制度中具有重要的指导作用和统领作用,具有纲领性性质,既可以是中长期发展规划,也可以是短期发展规划甚至年度工作要点,例如《信息化建设纲要》《"十三五"信息化发展规划》等。

2. 体制机制类

体制机制类规章制度主要用来明确学校网络安全和信息化领导小组、信息化管理部门、技术支撑部门、机关部处、直属附属单位、院系等在信息化方面的职责、分工、流程、运行等。例如《关于成立网络安全和信息化领导小组的通知》《信息化管理工作条例》等文件,《信息化管理工作条例》除规定网络与信息化办公室和网络与计算中心的管理职能外,还规定了学校各单位负责本单位信息安全工作,单位主要负责人为第一责任人。

3. 信息标准与技术规范类

推进信息化快速且规范化建设,推动数据共享和数据治理,信息标准和规范类规章制度非常重要。例如《信息化技术架构建设条例》明确了学校信息化建设的主要技术路线,统一了数据库管理系统等基础软件,以利于信息系统的建设运维管理以及各种对接。《信息管理系统使用人员编号编码管理办法》《内设组织机构代码管理办法》《附属医院机构代码及所属人员编码方案》分别明确了人员编码、二级单位的机构编码的规则、职责分工等,对于理清人员和机构基础数据,并确保数据的及时性和一致性具有重要意义。

4. 安全管理类

当前,高校面临严峻的网络安全形势,除了加强技术体系建设外,安全管理也非常重要,主要包括技术安全管理、网络安全应急预案、安全事件处置、漏洞整改、应急措施等,通过制定安全类规章制度为确保网络安全、处置网络安全事件等提供制度保障。例如《网络与信息技术安全管理办法》《网络安全责任制实施细则》《信息技术安全事件报告与处置流程》《信息技术安全漏洞整改流程》等。

5. 项目及经费管理类

信息化建设涉及大量经费和项目,所以必须建立相应的项目和经费管理制度,保障项目的顺利执行和经费的合理、有效使用,确保资金使用效益。例如《信息化项目管理办法》规范了项目从申报、论证、入库、审批、立项、采购、建设到检查、验收、绩效评估等项目全生命周期的管理,《信息化经费管理办法》对经费的申请、拨付、支出、回收与调剂、使用范围、评价与监督等进行了规范。

6. 网络管理类

校园网络是学校信息化的基础,对网络的管理主要包括校园网络、基站和光缆建设三个方面,管理制度主要对校园网、基站及光缆建设、运行、维护、安全等管理进行规范,确保校园网健康、稳定运行。例如《校园计算机网络管理办法》《基建修缮工程中计算机网络建设管理办法》《校园计算机网络设备间建设与管理细则》《移动通信基站管理办法》《信息管网及线缆资源建设与使用管理办法》等。

7. 信息系统管理类

该类规章制度主要对各类信息系统的具体建设、管理、运行、维护、安全等进行规范,是文件最多的一个类别。例如《校园卡系统建设管理办法》《校园卡资金结算管理办法》《校园卡卡务管理规定》《校园卡系统商户管理办法》《信息系统建设与运行维护管理办法》《统一信息门户建设管理办法》《统一身份认证系统建设管理办法》《统一通讯平台建设管理办法》《会议签到系统建设管理办法》《基础数据库建设与使用管理办法》《电子邮箱与电子邮件系统管理办法》《网站群建设管理办法》《教师个人主页系统建设管理办法》《OA系统建设管理办法》《网上办事大厅信息平台建设管理办法》《信息化自助设备建设与运行维护管理办法》,等等。

以上管理文件的参考模板,详见《高校信息化建设与管理——制度篇》一书。

4.3 文件基本结构

管理文件是规章制度的主要形式之一,一般由总则、部门职责与分工、建设管理、考核评价、保障措施、安全管理、罚则、附则等几部分组成,每一部分称之为"章",每"章"内包含若干条。内容条数较少的文件可以不分章。

1. 总则

总则主要包括如下几个部分:一是文件制定的目的。每个文件的制定都是为了解决某个具体问题,可以是为了加强某个方面的工作,提高某个方面的水平,为哪些工作提供保障,等等,例如"为提高学校信息化建设总体水平""为加强学校信息系统建设和管理工作""为保障学校网络安全",等等。二是文件制定的主要依据。作为学校的信息化文件,一般应以国家法律法规或政策文件、教育部或省级相关文件等上位法或学校出台的相关文件作为依据。三是文件适用范围。文件的适用范围是指文件约束的事项范围,例如文件适用的校区、某方面经费来源的项目、哪些类型的信息系统等。四是总体原则。建设或管理某项事务的总体原则,例如,《移动通信基站管理办法》明确了管理原则是"安全环保、统一规划、合理布局、资源共享、合法使用、规范管理";《信息系统建设与运行维护管理办法》明确了信息系统建设应遵循"安全稳定,责任明晰;开放共享,互联互通;简洁易用,注重体验"的原则;《信息化自助设备建设与运行维护管理办法》明确了自助设备建设应遵循"统筹规划、分类建设、功能共享、权责明晰"的总体原则。五是相关解释和说明。对文件中的主要内容、关键名词等进行解释和说明,例如,《校园计算机网络管理办法》在总则中对"校园网"进行了定义:"校园网是指在学校范围内,为学校教学、科研和管理提供资源共享、信息交流、协同工作和互联网访问的计算机网络。"

2. 部门职责与分工

该章是文件非常重要的组成部分。在当前信息化工作环境下,制定文件的主要目的之一是通过规章制度明确各相关部门的职责与分工,理清界限。例如,在《网上办事大厅信息平台建设管理办法》中明确了校长办公室、网络与信息化办公室、网络与计算中心这三个部门和业务流程所属单位的职责,校长办公室的主要职责是督促协调校内相关单位在网上办事大厅建立业务流程,对上线运行的业务流程进行监督;网络与信息化办公室负责制定网厅相关规章制度，规划统筹网厅建设，受理流程入驻申请，保障网厅建设经费等；网络与计算中心主要负责流程的技术实现，确保网厅可靠运行，制定技术标准以及为各单位提供平台的咨询和培训等；业务流程所属单位负责梳理、优化和再造本单位主管、牵头或参与的业务流程，设立本单位业务流程管理员，督促本单位人员按时完成审核、审批等任务，负责业务流程的培训和解释工作。将各部门的职责描述清楚，以便各部门各司其职。例如，在《信息系统建设与运行维护管理办法》中，对信息系统建设运维所涉及的单位进行了分类，主要包括网络与信息化办公室（信息化管理部门）、网络与计算中心（技术支撑单位）、建设单位（作为信息系统建设主体的机关各部处等）、开发单位（承担信息系统开发的公司）和对接单位（需要配合其他部门信息系统的机关各部门），明确了各参与单位的职责；《信息管网及线缆资源建设与使用管理办法》规定了网信领导小组、信息化管理部门、信息化技术部门、校园规划部门、基建部门、总务部门和保卫部门的职责分工。

3. 建设管理

该部分是文件的核心和主体部分，主要包括文件规范的各种流程、规则、措施等，可根据内容分为多"章"。例如，《网络与信息技术安全管理办法》把校园网络与信息技术安全分为了校园信息网络建设管理、数据中心建设管理、应用系统建设管理、互联网站建设管理等几个部分（章），分别规定了每一类安全的内容及管理措施；《校园计算机网络管理办法》在主体部分分别明确了校园网建设与运行维护、用户管理与服务、校园网接入、VPN 服务、IP 地址与域名管理、校园网安全管理等几个方面的管理措施；《基础数据库建设与使用管理办法》规定了基础数据的定义、分类、产生权威源、共享、产生、使用、保护以及基础数据库建设管理等；《统一身份认证系统建设管理办法》明确了认证集成、单点登录、电子身份、电子身份人员类别、电子身份数据、电子账号、密码、特殊账号处理等具体内容的管理措施、规则和流程等；《信息系统建设与运行维护管理办法》根据信息系统建设运行规律，将信息系统建设运维分为需求分析、系统设计、系统开发、系统测试、安全检测、初步验收、上线试运行、运行维护等八个阶段，明确了每一个阶段的主要任务、流程、规则、规范等；《移动通信基站管理办法》在主体部分明确了基站的设置要求（环保、分布、共享），设置程序（申报、审核、论证、审批、签订协议、颁发施工许可、路由光缆、验收、使用、备案）和维护、处置管理等；《信息管网及线缆资源建设与使用管理办法》规定了信息管网的规划与建设、施工管理、使用等；《内设组织机构代码管理办法》明确了内设组织机构的分类、编码原则、编码职责、标准制定、推广使用等。

4. 考核评价

为保障文件所规定事项的落实,应在文件中制定关于考核评价的条款。《网上办事大厅信息平台建设管理办法》在"绩效评估"一章,明确了对网上办事大厅各业务流程使用与办结效率进行绩效评估,其结果报人事处备案,并将评估结果纳入单位年度考核内容;《信息化自助设备建设与运行维护管理办法》在"考核评价"一章规定:"对于在自助设备建设过程中主动作为、主动担当的单位给予通报表扬和支持,对于推诿扯皮、不按规定或规范建设、师生反映强烈却拒不整改或整改不力的建设单位给予通报批评。"《信息系统建设与运行维护管理办法》规定:"网络与信息化办公室负责对学校各类信息系统的建设、运行维护和服务进行监督,每年组织一次考核评价,将考核评价结果纳入单位的年度绩效考核,并作为各单位后续信息化建设经费审批的主要依据。"

5. 安全与保密管理

在当前严峻的网络安全形势下,安全以及保密管理应作为文件的重要内容之一,且最好单独一章。例如,《主页建设管理办法》在"保密工作要求"一章,明确了"上网不涉密、涉密不上网"的要求;《网上办事大厅信息平台建设管理办法》在"安全管理"一章,规定了技术安全、数据安全和账号安全等方面的具体要求;《教师个人主页系统建设管理办法》在"安全管理"一章明确了技术安全、内容安全、账号安全、外部链接审核和事件处置等内容;《电子邮箱及电子邮件系统管理办法》明确了管理员账号安全、隐私安全、违规行为处置等;《移动通信基站管理办法》专门设置了"法律责任"一章,规定了基站安全和保护方面相关方的法律责任。

6. 罚则

为增强文件的严肃性,确保文件顺利执行,对于一些关键文件,可制定"罚则"或"责任追究"条款,该部分通常规定相关单位或人员如果违反文件规定所应受到的处罚或责任追究。罚则条款轻易不启用,但可起到威慑作用。例如,《教师个人主页系统建设管理办法》的罚则中规定:"违反本办法规定,发布违反国家法律法规的内容或发布虚假信息、经营性信息、涉密信息等内容的,追究相关人员直接责任。情节严重的,将依法移送司法部门处置。"《网络与信息技术安全管理办法》中规定:"各单位应按照信息技术安全事件报告与处置流程及时、如实地报告和妥善处置信息技术安全事件。如有瞒报、缓报、处置和整改不力等情况,由网络与信息化办公室联合纪检、监察部门对相关单位进行约谈或通报。"《校园计算机网络设备间建设与管理细则》的"罚则"规定:"如违反设备间管理规定,导致设备设施损坏的,或影响校园计算机网络正常运行的,或导致设备间发生火灾的,将追究有关人员的相关责任;造成经济损失的,将追究经济赔偿责任;触犯法律的,将依法追究法律责任。"

7. 附则

附则一般为文件的最后一章,主要包括以下几个部分。一是文件适用问题。在该部分明确附属单位、附属医院、产业集团、后勤集团等直属、附属单位是否按照本文件执行,还是可参照本文件制定适合本单位的相关文件。二是冲突处理。原有文件与本文件不一致的,以本文件为准,或者如果本文件是原某个文件的修订版本,则原文件同时废止。三是文件解释权。文件由哪个部门解释,网络安全和信息化类文件,一般按照"谁制定谁解释"的原则由信息化管理部门解释,或信息化管理部门与其他相关部门联合解释。四是文件施行日期。一般为文件自公布之日起施行。

4.4 出台流程

规章制度的建设必须坚持严谨、科学和规范的程序,校级规章制度的出台,大致需要经过文件起草、征求意见、送审与会签、上会、发文等环节。

1. 文件起草

文件起草前,首先要对相关国家法律法规和上级相关文件认真学习研读,吃透精神;同时,加强校内调研,既要落实好上级文件精神,又要切合学校实际。切忌拿上级文件直接删删改改,或生搬硬套,应付了事,为发文而发文,否则,文件的落实和执行将会存在很大困难,失去制定文件的意义。

起草的文件要符合学校行文格式和行文习惯,做到重点突出、简洁明了、可操作性强、一事一文,切忌长篇累牍,什么都想放到一个文件里。文件起草要经多次内部讨论,字斟句酌,反复修改,每个文字和每段话都要经得起推敲。为确保文件接地气,文件的起草应以文件所管理或约定事项的具体负责人员为主笔,其他相关人员提供材料或建议、把关、润色或修订。

作为校级规章制度,文件制定时应站在全校角度、师生角度和各部门角度,不应仅站在信息化部门角度方便自己,或仅为了制约他人而宽待自己。这样的文件很难获得领导和其他部门的认可,很难具有权威性,难以通过后续的程序,即使侥幸通过了,也难以执行,形同一张废纸。

2. 征求意见

文件起草完毕后,定为征求意见版,开始征求意见环节。征求意见对象主要包括分管校领导、师生代表、院系和相关部门,尤其是文件的"职责与分工"部分涉及的几个部门不能遗漏。征求意见的方式为口头听取意见、召开座谈会或书面征求意见。相关部门的意见最好为书面征求,各部门以"花脸稿"方式提出修订意见,信息化管理部门根据征求意见进行修订或反馈,并将意见以及根据意见进行修改的情况进行汇总记录,作为送审和上会的支撑材料之一。

征求意见的过程是各部门之间凝聚共识、共同推进信息化工作的过程,要多与相关部门沟通,获取理解与支持,文件内容尽量达成一致;对于有歧义的部分,要友好协商解决,为文件后续执行打下基础。为了节省时间,可以先面对面、非正式征求意见,若干轮后再进行书面征求。

3. 送审与会签

完成征求意见后,文件即开始报学校审批,送审包括两部分。一是相关部门会签意见。由于送审前已经多轮征求过相关部门的意见,因此,会签仅是走个程序,如果前面的征求意见环节不充分,或者尚未达成一致意见,则会签过程就会非常麻烦,反复多、时间长、效率低。二是校领导审批。根据文件等级,由分管校领导确定是直接审批后发布,还是提交学校会议审议。

4. 上会

重要的校级文件,均应经过学校党委常委会或校长办公会审议,信息化部门作为文件起草部门上会汇报,其他相关部门列席,会议审议通过后即可发文。如果文件征求意见充分,各方均达成了共识,则上会审议通过的概率会较高,否则,也容易搁置。对于文件中的部分条款,尤其是"职责与分工"部分,如果存在相关部门意见分歧较大,实在无法达成一致的,也可由学校会议直接审议通过,相关部门无条件按文件执行。

5. 发文

文件上会审议通过后,进入到发文程序。作为校级信息化文件,应有"校信息化"分类文号,以学校红头文件印发;对于尚没有独立的信息化管理部门或没有取得"校信息化"类文号的高校,可以以"校发""校办发"等文号发文。部门级规章制度可以自编文号,以信息化部门红头发文。重要的全校性文件,应尽量以校级文件发文,以增强其权威性,但在当前精简文件的新形势下,校级文件也不是越多越好,具体的操作细则、规程、规范等则应以部门级文件为主。

6. 运用

文件制定完毕并发布只是刚刚开始,好的制度得到良好的执行才有生命力,并取得好的效果。信息化部门应监督文件的执行,力争起到预期作用,并且根据形势发展不断修订更新文件。对于临时制定的"试行""暂行"等文件,也应该根据试行情况及时转为正式文件、修订或废止。

4.5 华中科技大学信息化规章制度建设实践

自2013年成立专门的信息化管理部门以来,华中科技大学高度重视信息化规章制度建设,已制定校级规章制度40余个,涵盖信息化规划、体制机制、安全管理、项目管理、经费管理、校园网建设管理、基站建设管理、系统建设管理等多个方面,内部规范、标准文件若干。文件的出台有力地保障了学校信息化的正常开展,学校也成为信息化规章制度建设最为全面的高校之一。

学校通过制定信息化规章制度,基本做到了信息化事项"凡事有章可循,凡事有据可依,凡事有人负责,凡事有人监督"。学校信息化建设坚持所有信息化事项,先上制度,再上系统,确保系统上线后责任明确、流程清晰。

学校信息化规章制度建设严格按照学校规定和要求进行,每个规章制度的制定都要经过多轮的沟通和协商。在规章制度形成的过程中,全校各部门充分认识到信息化的重要性,认识到"信息化建设共同体"的重要性,全校信息化形成"一盘棋"。规章制度健全后,信息化建设中的推诿扯皮现象明显减少,信息化发展进入快车道。

但规章制度也不是万能的,在信息化制度建设及使用过程中,也发生了部分制度考虑欠周或制定时过于理想化,而实际落地困难的情况。因此,我们也在不断地开展制度的修订工作,加大力度进一步落实好规章制度。

4.6 结　语

由于各高校在信息化基础、体制机制、学校文化、建设进度等方面都存在较大差异,因此,规章制度建设也应该着眼于实际,合理制定,切忌生搬硬套。要制定出适合本校、切实可行的规章制度,让规章制度更好地服务于信息化建设,避免出现规章制度与实际执行"两张皮"的情况。

参考文献

［1］郭里桥.建设行业信息化制度标准体系建设［J］.建设科技,2009(21):22-24.

［2］张璐.制造业信息化制度建设的重要性［J］.机械管理开发,2009(5):124-128.

［3］许斌华,贺一松,胡永升,等.加强高校制度建设的若干思考［J］.高等农业教育,2005,4(4):13-15.

5

队伍建设

队伍建设对高校信息化部门来说非常重要，有了好的队伍，可以事半功倍，否则即使有再好的想法、再多的经费，没有人去落实，也终将是一场空。因此，高校信息化部门应将队伍建设作为重要的任务来抓。信息化队伍主要分为管理队伍、技术队伍、服务队伍和应用队伍。

5.1 管理队伍

管理队伍是信息化队伍的重要组成部分。信息中心主任是管理队伍的核心人物，起着承上启下、沟通协调、决策部署、落地推进等重要作用。信息中心主任的能力和管理方法对学校的信息化成败至关重要，信息化成功的高校必定有一个各方面都十分优秀的信息中心主任。因此谈到管理队伍，不得不谈一下信息中心主任这个角色和岗位及其能力建设。需要特别说明的是，这里的信息中心主任是指信息中心的领导班子和决策管理团队，不特指信息中心主任一个人。

5.1.1 信息中心主任的主要优势

信息中心主任有很多优势，主要包括以下几点。

（1）专业儒雅。信息中心主任大多技术出身，从事网络、计算机或信息类学科的教学或研究工作，有的甚至有很高的学术造诣，在学术界有一定的影响，或长期在信息中心工作，从基层逐步成长起来，具有非常丰富的经验。从专业技术能力方面来说，大多信息中心主任都能完全胜任。不懂技术是很难当好信息中心主任的，也不会被领导和职能部门处长们认同。技术经验丰富是很多信息中心主任所具备的优势。正是有了这种良好的学术背景，信息中心主任们大多具有学者气质，十分儒雅。

（2）吃苦耐劳。信息中心主任们大多能吃苦耐劳，这既是搞技术及学术研究所具备的基本素质，也是由于信息化工作时间紧、任务重的压力所迫。信息中心主任们"俯首甘为孺子牛"的形象深得人心，也因此会获得很多领导或职能部门领导的尊重和认可。

（3）正直简单。大多信息中心主任性格比较正直，对于信息化发展中遇到的问题，能够进行科学理性地分析。其工作方法也比较直截了当，遇到不对的地方，会直接指出来，不弯不绕。因此，在处理一些技术问题时效率比较高。

5.1.2 信息中心主任的常见误区

（1）过于执迷技术与专业。有些信息中心领导十分热爱甚至酷爱技术，自己钻研得十分深入，当了主任、副主任后有时候还亲自动手编程（不得不说，这是一项非常好的习惯，令人佩服！）。但是，信息化工作不仅仅是技术，信息中心主任需要解决的更多的是管理的问题。重视技术，忽视管理，甚至有时候认为"领导和其他部门负责人都不懂信息化，只有自己的想法才是正确的"，其实是犯了人们经常犯的自视过高的错误（根据查理芒格的人类误判心理学理论，人们容易有 25 种错误倾向，自视过高的倾向属于其一[1]）。

（2）缺少管理手段或艺术。信息中心主任中具有丰富管理经验或多部门、多岗位领导经历的不多，很多主任所具有的管理经验仅限于自己带过科研团队，而没有在其他部门当部处长的经历。不知道该如何向校领导汇报工作，如何和职能部门的部处长们打交道，如何和投标参与学校信息化建设的公司进行博弈，如何让自己的想法和理念得到更多的人认可，如何把自己的意志转换为学校的意志，并且变成具体的政策落地。

（3）缺少干事的锐气和魄力。毕竟很多信息中心主任是技术出身，在干事时总有点缩手缩脚，放不开手脚，有时候该坚持的原则没有坚持住，该提的要求没有提。该说的话由于怕得罪人没有明说，例如，当校领导和职能部门的领导都说信息系统开发维护都应该是信息中心的事时，信息中心主任明知道这样不行，却不知道如何去反驳他们，把不该接的活都默默地接下了。

5.1.3 信息中心主任需要正确处理的几个关系

（1）要处理好技术与管理之间的关系。信息化圈曾流传一句名言：信息化工作是"三分技术，七分管理"。但在信息化实际工作中，甚至可能是"一分技术，九分管理"，没有科学的发展规划、充足的经费、良好的管理体制机制，再好的技术也无法落地；而只有管理理顺了，信息化工作才能够协调推进。在推进信息化的时候，信息中心主任要忘掉技术、更换思维，站在管理的角度考虑工作的推进，重点考虑的不是使用的技术有多先进，技术架构多合理，而是要考虑校领导、各职能部门领导和师生的痛点、堵点和难点是什么，考虑如何利用学校的各种议事规则、管理程序、人脉资源等获得领导和部门的支持，争取到资源并做到最大化使用，考虑如何用人、管人、凝聚人心和带好队伍。

（2）要处理好信息中心与其他职能部门之间的关系。信息中心与其他部门之间的关系十分重要,甚至决定着信息化的成败。信息中心的定位首先应该是服务部门,应"以服务求支持,以贡献求发展""以优质服务求生存,以服务创新求发展",改变工作作风,做好勤勤恳恳的"水电工"。由于职能部门缺人缺技术,最需要的是信息化部门的理解和支持,信息中心主任要学会换位思考,做到尽量满足职能部门提出来的合理需求,形成良性的互动关系,努力打造"信息化建设共同体"。另一方面,信息中心主任也要坚持原则,不做"无底线"的服务,不做过多的、无原则的让步;要善于沟通,讲究技巧,根据学校的文化、领导的风格和自己的人脉,多思考如何推动信息化政策落地,做到既要政策落地,又要部门心服口服。与职能部门既要保持兄弟般的"亲"的关系,又要保证职责界限分明的"清"的关系。

(3) 要处理好信息化与科研的关系。很多信息中心主任是教授出身,属于"双肩挑"干部,良好的学术背景为信息化发展和信息中心地位起到了很好的加分作用。但有的主任却把信息化与自己的科研混为一谈,例如,让自己的科研团队或研究生承接学校的信息化项目,目的可能是为了加快推进学校信息化建设(因为感到面向高校的信息化公司在开发效率和服务上无法满足学校的要求),但是在客观上形成了自己"左手进、右手出"的关系。或者利用信息化工作的资源,为自己的科研服务,从学校相关部门、承建学校信息化项目或供应学校信息化设备的公司获得横向课题,造成了瓜田李下的嫌疑,甚至牺牲了信息化利益,对个人以及单位的公正性和威信影响很大,在其他职能部门或信息中心内部引起非议。有的主任甚至无偿让自己的团队或研究生担任学校信息系统开发和运维工作,但由于学校信息系统中包含了大量师生敏感信息,一旦出现网络安全事件,责任不好划分,因此,也建议不要这样做。应该做到信息化工作和自己的科研关系分明,如果自己的科研需要使用学校的信息化数据,则必需按照相关程序获取并进行脱敏处理再使用。这是一个很难取舍、很难平衡的关系,但是,很多信息化前辈为我们做出了榜样和楷模,值得我们学习和参考。

(4) 要处理好工作与个人发展的关系。信息中心主任的岗位是一个奉献的岗位,需要投入大量的时间和精力在管理上,势必要影响个人承担的教学和科研工作,甚至个人的发展。如果自己投入精力不多,也会在中心内部形成不好的示范作用。鉴于高校对信息中心地位不高的这一普遍认识的现状,能在信息中心主任岗位上升职或转至其他重要岗位的机会不是很多。正所谓"鱼和熊掌不可兼得",担任信息中心主任就要做好为学校信息化事业牺牲奉献的准备,不求美名流传,但求问心无愧。但是,另一方面,信息化是一项长期而艰苦的工作,不可一蹴而就,有的主任急于出"政绩",不能正确评估信息中心的能力,在中心人员、经费等不足的情况下,对于领导和部门的要求一概接受,最终导致中心人员内部怨声载道、不可承受,这也不是长远之道。

5.1.4 信息中心主任的主要任务

信息中心主任在一定程度上决定着学校信息化发展的地位、思路、方向、方法和进展。为了把学校的信息化搞好,领导可能会问,如果要把学校的网络安全和信息化搞好,你需要什么?这时应该抓住重点,不谈具体问题,避免胡子眉毛一把抓,陷入某个具体的系统建设上。因此,信息中心主任要明确自己的中心任务,归纳起来大致有四项:要钱、要人、要权、把方向。

1. 要钱

高校信息化建设需要大量经费,没有信息化经费支持,任何好的设想都难以落地。目前,大多高校都有一定的信息化经费了,只是经费多少和经费性质问题。在落实信息化经费方面需要注意以下四点。

(1) 经费要实行预算制。很多高校的信息化经费来自学校和银行合作经费,或和运营商合作经费。由于合作的周期性,容易造成经费不连续,有的年份多,有的年份少,对于信息化建设的可持续性影响很大。信息化经费不是越多越好,应以满足实际需求并且符合信息中心建设能力为准,信息化部门应向学校提出每年根据信息化发展规划、建设需求明确预算,实行预算制。稳定的预算有利于计划的平稳执行,对信息化建设发展同样很关键。预算的经费性质可以包括国拨经费、校财经费、银校合作、信校合作等。

(2) 经费要实行统筹管理。有的高校信息化也有预算,但经费由各个部门申报并由各个部门自行负责管理和使用,信息中心并没有经费的统筹管理权限。信息化项目论证也由各部门自行组织,信息中心仅作为相关部门在项目立项或验收时签字,虽然能够起到一定的审核作用,一定程度上可以避免重复建设或建设新的信息孤岛,但实际效果并不好。在信息化经费上必须向学校要求,建设需求由各部门向信息中心申报,信息中心进行归并后,统一向学校申报预算,由信息化部门对经费实行统一管理,只有这样,才能发挥信息化经费的最大效益。

(3) 经费要争取尽可能多的校财资金。信息化经费可能由多种性质的经费组合而成,其中一定要有一定数量的校财资金。校财资金是指学校可自行决定用途、自行控制执行进度的资金。校财资金相对于国拨、省拨、市拨资金而言,对执行进度的考核要求不会过于严苛,信息化项目尤其是管理信息系统项目,往往验收都在年底进行,甚至是跨年执行,灵活的经费是信息化项目质量的重要保证。校财经费是现金,其采购的权限在学校手上,与银行给定使用额度,或者由银行直接向学校捐赠设备(并被折算成合作资金)相比,可按照自己的意愿采购到所需要的设备,可大幅提高资金的使用效益。

(4)要建立严格的经费管理制度。经费是一种资源,更是一种责任。在信息化的所有权利中,经费管理的权利应该是最大的,也是校领导和其他部门最为关注的。一旦拥有了信息化经费统筹权限,一定要及时制定信息化经费管理办法,明确经费的预算、拨付、支付、评估、监督和审计等相关规定和流程,确保经费使用的科学性和透明度,确保经费的执行进度,减少经费使用及管理过程中的人为因素干扰,用制度和规范把有限的经费管好用好,提高经费使用效益。

值得欣慰的是,近期教育部发布了网络安全考核评价细则,已将网络安全经费保障作为其中一个得分项,这也为高校争取网络安全经费提供了重要依据。

2. 要人

人员队伍是搞好信息化的必要条件。信息中心主任应该把队伍建设作为信息化工作的重中之重。主要做好以下几点。

(1)争取获得事业编制。高校信息中心较为吸引优秀人才的地方大概就是事业编制了,事业编制可以解决一些例如子女可享受学校优质的附属中小学资源等一般公司解决不了的问题。对于曾经在互联网公司工作过,现在想以家庭为重或稳定为主的优秀技术人员来说,很有吸引力。为争取到事业编制,信息中心应主动向学校汇报。除了要到事业编制之外,还要争取到招聘人员的政策,例如现在很多高校招聘教师甚至实验技术人员的基本条件必须为重点大学应届毕业博士生或博士后出站人员,由于信息类专业的毕业生就业非常容易,按照这个条件招聘信息中心的技术人员是不现实的,必须从实际出发,实事求是,为信息中心招聘人员适当降低门槛条件,并且允许从非应届毕业生中招聘。

(2)利用好非事业编制。事业编制毕竟非常珍贵,不可能争取到太多。除了事业编制外,还应努力争取非事业编制(社会聘用),把相关人员也打造成信息化建设队伍的重要组成部分。这部分编制相对容易争取到,但是,由于非事业编制人员流动性强,必须做好管理服务工作稳住大家的心。比如在信息中心能够决定的工资及待遇上给予支持,对于优秀的聘用人员,其收入不应低于事业编制人员;对于特别优秀的人员,要敢于给他们压担子,并为他们积极争取"转正"的机会;在工会等活动上一视同仁,增强他们的归属感,让他们能够在高校信息化建设运维过程中实现自我价值,持续为学校信息化建设贡献力量。

(3) 购买外包服务。外包服务人员是信息技术队伍的有益补充力量,也应该高度重视。由于不涉及编制,只要用经费就可以解决,外包服务是相对容易获得的一支力量。对于一些硬件平台运维、校园卡卡务服务、网络维修、安全服务甚至 UI 设计、代码开发等相对成熟的业务,可通过外包服务实现。由于外包业务直接面向师生,决定着信息中心的形象,也要重视队伍建设。要与外包服务公司重点把好外包服务人员的招聘、调换和退出等关口,做好队伍的培训、管理和考核环节。既要规范服务内容和方式,细化考核标准,严格要求,培育一种"多劳者多得"的氛围;又要关爱关心他们的感受和个人发展,把他们当成"自己人",激发队伍自发向上的干事活力,增强他们的荣誉感,防止成为"一潭死水"。

(4) 打造学生团队。对于学生团队,可以让他们承担一些网络维修等简单服务,也可以让他们参与一些信息系统的开发,给他们充分的锻炼机会;同时加强团队管理,引入竞争机制和退出机制,在保障学校网络安全的前提下,发挥他们敢闯敢干的优势和创新能力。例如,上海交通大学自 2015 年开始举办智慧校园开放数据大赛,将数千万条校园卡、网络日志等数据经隐私化处理后开放给参赛团队,首届即有来自全国的 151 个团队参加了比赛[2],分析得出了很多非常有意思的结论,尽管有的不能立即作为产品使用,但是对于开阔学校智慧校园建设思路大有裨益。

(5) 加强内部人员队伍建设。建队伍容易,带队伍难。有了队伍,还要花大力气加强队伍建设。要科学规划内部机构设置,对于队伍庞大的中心,要尽量实行扁平化管理,减少科层制的弊端,建立类似阿米巴式快速反应组织,缩短决策链,副主任甚至主任直接听取小组报告,并进行快速决策,避免思路反复或久拖不决。在顶层设计及技术大框架确定后,就要不纠结于细枝末节,只有快速建设,才能快出成效。充分发挥年轻人的思维活跃、对新生事物有好奇心的特点,尊重他们的想法,鼓励大胆创新,建立试错、容错和纠错机制,避免领导"一言堂"。开展团队文化建设,建立开放、平等、协作、快速、分享的互联网文化,改造机关部门或事业单位的朝九晚五、沉闷呆板、保守低效的不利工作环境。信息技术人才的最大特点就是希望获得成就感,要鼓励他们勇于承担,在不突破学校信息化规划和基本原则的前提下,勇于创新。

3. 要权

权力是体制机制的核心,信息中心要争取信息化统筹协调建设所需要的各种权力。没有权力,就很难与其他职能部门对话,信息中心就容易被边缘化,从而越来越没地位,越没地位就越搞不好,最终形成恶性循环。信息中心要争取的主要权力包括以下方面。

(1)制定规章制度的权力。规章制度是制定信息化发展规划、明确各部门职责、规定办事流程、确定主要技术路线、规定各种平台运行维护等重要依据。任何领导的关心、关注或支持,以及与部门各负责人之间的个人关系都不是持久的,都容易随着人员的变动而变化,从而影响工作的持续性开展。在当前管理日趋规范化的大环境下,必须依靠规章制度来规范各种职责和流程。因此,制定规章制度的权力是非常重要的,对于管建一体化的高校可以通过领导小组办公室的名义发文;对于尚未成立领导小组办公室的高校,可以通过校长办公室、财务处、实验室与设备管理处等管理部门发文,不求所有,但求所用。

(2)经费统筹管理的权力。经费是实现信息化统筹管理的重要抓手,必须抓在自己手里。要向学校要求,把分散在各个部门的信息化经费统筹到信息中心负责管理,向学校分管财务的领导以及财务处负责人陈述统筹与分散管理的利弊。拿到经费统筹权后,还要请求财务处充分放权,将经费中的项目安排权由信息中心负责。可由财务处全程指导,核心节点例如每年项目入库列表报财务处备案,最终由财务处把总关。

(3)项目统筹管理的权力。如果经费没有统筹,项目一般也是由各单位自行论证,自行建设;如果经费统筹了,项目统筹也是自然的事了,这样才能做到经费的责任和权利一致。项目统筹要建立一套规范的从申报、论证、立项、建设、检查、验收和评估等全流程全生命周期的管理制度,抓住方案论证、经费拨付、项目验收等关键环节,真正起到统筹作用,避免"签字"式的假统筹。

(4)网络安全管理的权力。在领导和部门心目中,网络安全管理是信息中心的天然职责。网络安全责任重大,但也是一把双刃剑,既然不得不做,就要顺势而为,主动担当,承担起学校网络安全管理的职责。要利用网络安全管理的通知、通报、整改、关站和封网等权限,加强学校网络安全技术防护体系、网站群平台、数据中心等技术建设,以及网络安全管理规章制度建设,守好网络安全这块"底板"。

总体来说,具有一定的权力,对于推动信息化工作是非常必要的。但大多时候权力不是想要就能要来的,是靠自己干出来的,让领导感到你是"靠谱"的,自然就会想到要把权力交给你。

4. 把方向

国内某著名 IT 集团负责人认为,创业成功有三点很关键,就是"建班子、定战略、带队伍"。处于信息化建设初期尤其是刚起步的高校,信息化就像是在创业,也必须做好这三点,而其中定战略就是把方向。具体包括如下几点。

(1) 确定总体战略和定位。学校信息化要发展必须明确总体战略和定位,即在学校实现"双一流"战略目标中,信息化应该扮演的角色或承担的工作。学校信息化在学校发展规划及总体工作的定位是什么?是在学校学科发展、科学研究、人才培养、管理服务改革中起引领作用,还是支撑作用?在"互联网+""放管服"改革中,学校信息化的定位究竟是什么?定位和战略决定着信息化的总体思路和信息化部门在学校中的地位。

(2) 确定总体工作架构。工作架构是开展信息化工作的相关的机构组成、职责分工、工作模式、工作思路等。根据学校实际情况,是希望实行管建分离模式还是管建一体式?哪些基础设施建设需要统一?是统一到服务器托管或虚拟服务器级别,还是统一到数据库管理系统及中间件平台?信息系统建设是由职能部门主导还是信息中心主导?双方的职责和界限是什么?应该和职能部门之间建立一种什么样的关系?网络安全管理是应该实行强管理,还是应该实行相对宽松?运营商、智慧教室建设等是否要纳入信息化的统一管理?这些都是需要信息中心主任考虑的或去推动确定的问题。每一种模式选择的背后都涉及经费、人员和责任,涉及学校信息化总体进展和发展方向。

(3) 确定总体技术路线。和阿里巴巴、腾讯等互联网企业相比,高校信息中心的技术实力较弱,业务相对简单,既没有必要也无实力建立自己独特的 IT 架构,更多的可能就是技术路线的选择,包括:技术上要不要统一?如果统一,是选用微软.NET 路线,还是 JavaEE 路线?数据库是否统一?是统一使用商用的 Microsoft SQL Server、Oracle,还是使用开源的 MySQL 等数据库,或者使用国产的数据库管理系统?是否大规模推广微服务架构?阿里巴巴为解决大规模数据线性可扩展以及服务复用问题,启动中台战略,建设了共享服务体系[3],像这种级别的 IT 架构,高校信息中心虽然无能力企及或落地,但对于高校信息化架构及技术选型仍具有指导和启发意义。信息中心主任或总工程师、总架构师应对此有所了解,否则错误的技术路线将为以后的发展留下隐患。

当然，争取到上述每一项资源都是非常困难的，都需要信息中心主任们开动脑筋，做好准备，反复做工作，不怕失败，拿到其中若干项资源，才具备做好信息化工作的基础条件。

5.1.5 其他管理队伍

除了信息中心主任外，其他方面的管理队伍建设也很重要。从岗位职责上主要包括以下几类管理岗位。

（1）规划编制、制度制定与执行。学校信息化发展规划与制度制定的水平及其落实执行情况对于学校信息化发展具有引领性和保障性作用。

（2）标准规范制定与执行。负责各类信息化标准和规范的起草、审核、发布和执行。标准规范制定过程是一个凝聚共识的过程，制定、执行和落地都需要大量的协调工作，是确保学校不再建设新的信息孤岛，保证各个系统之间互联互通的重要手段和工具，应有专人负责。

（3）项目及经费管理。负责全生命周期的信息化项目的管理、经费管理等。项目建设的质量很大程度上取决于项目的管理水平，良好的管理水平可以保证项目的建设质量及经费使用效益，这是管理的核心，必须有专人负责。

（4）网络安全管理。负责网络安全政策法规及学校网络安全规章制度的落实，网络安全信息收集，网络安全情况通报、整改督促落实，网络等级保护等。网络安全管理岗位主要是侧重于安全信息的上传下达和各种协调督促工作，需要具备常见的网络安全知识，但不需要特别专业的网络安全技能。

（5）运营商管理与协调。信息化管理部门免不了要和在校内的各类运营商进行联络，其主要负责包括运营商与学校的合作框架与协议的制定与执行，协调管理运营商在校园内的基站（含光缆）规划、建设、维护和安全管理，营销活动等。运营商相关的事务多且繁杂，甚至涉及安全和稳定，也应有专人协调。

以上岗位不代表实际应设立的岗位，可根据实际情况综合考虑，设立综合管理岗位。

当前，高校信息化即将迎来大建设、大发展时代，原有的信息化体制机制、理念和队伍都需要更新。原来的信息化更多的定位于技术支撑甚至后勤，属于"大后方"，因此，信息化队伍主要由专业技术人员组成，管理队伍一直处于可有可无的状态。但是，随着将信息化提升到"双一流"或提高学校治理体系和治理能力现代化的高度，仅仅有技术队伍是不够的，也必须重视管理队伍建设，这是让信息化逐步进入支撑学校核心事业的主战场，步入前方舞台的重要力量。

5.2 技术队伍

网络与信息化归根结底是一项专业技术背景很强的工作,各项任务的完成质量直接取决于工作人员的专业程度。因此,建设一支专业、精干的技术队伍,成为每个高校信息化部门的重要任务。

5.2.1 技术人才的选拔

队伍建设首先要解决人的问题。高校信息化部门普遍面临的一个问题是,人从哪里来?如何选拔到适合的人才?在5.1节中,已经阐述了信息中心主任"要人"的主要策略。根据高校招聘的特点,人的来源无非是校内人员转岗、应届或非应届毕业生招聘这么几个来源。但无论是哪种来源,都应该严把入口关,本着宁缺毋滥的原则进行选拔。在招聘考试环节,既要进行专业基础知识的测试又要注重动手实践能力的考查,在题目的设置上应该有一定的开放性,重点考查应聘人员运用专业技术解决问题的能力。在面试环节,要着重考查性格特点、语言表达和沟通能力,因为高校信息中心从本质上来讲并不是一个研发机构,除专业知识外,更多地需要人员具备与学校各部门及项目承建单位的沟通协调能力。如果一味地追求"技术大牛",而忽视了综合能力,可能会取得适得其反的效果。

5.2.2 主要技术岗位

技术岗位可根据信息中心职能范围、部门划分并结合实际工作需要设定,一般来说,应主要包含以下几类。为保证工作的连续性,所有岗位应设置A、B角。

1. 中心机房运维

负责网络中心机房的环境卫生、值班和安全管理;负责机房空调系统建设和运维;负责机房UPS电源系统的建设和运维;负责机房消防系统建设和运维;负责机房动环系统和视频监控系统的建设和运维。

本岗位的主要考核指标:配电设备全年安全运行,在学校不停电的情况下保障供电可使用率达99.99%,因设备故障全年累计停电时间不超过52分钟,计划内的电源设备维护时间除外；网络机房的48 V直流电源系统、三相UPS供电系统、多回路配电柜(MTS)、UPS配电柜等全年平均可用率达到99.999%，全年累计停机时间不超过5.25分钟；网络机房空调设备始终有一组处在正常的运行状态，另一组处在备用或维修保养状态，保障机房环境温度在23 ℃±2 ℃；每个月对机房的消防系统进行安全检查，保障消防设施运行安全并随时保持可用状态；每月对柴油发电机进行定期维护保养，每次开机保养时间不小于10分钟，系统使用率达到99.99%。

2. 校园接入网运维

负责校园接入网的规划、建设与管理，包括有线接入和无线接入。负责校园接入网的核心设备的运维，包括认证交换机、无线AC等；负责各楼栋的接入设备维护和维修，包括每栋楼的接入交换机、楼栋汇聚交换机，以及楼内线路；负责校内光缆资源建设、光缆抢修维护、光缆资源使用分配管理。

接入网运维是校园网管理中工作量比较大的岗位，包括了用户端维修、用户的接入，该岗位由2～3人组成，每人分管一个片区/校区，互为备份，同时有一支外包的维修人员协助。该岗位主要考核指标：解决校园网接入和用户端故障，用户满意率不低于95%；处理故障及时、响应速度快，当日问题当日解决，无法解决的问题或者影响面大的问题及时报告，重大问题做到不解决不休息。所负责维护的设备连线可靠、规范、标识清晰、无明显灰尘，安全防护措施（门锁、机柜门锁等）齐全、使用得当；校园接入网全年可用率达到99.99%（非光缆故障）。对于校园网光缆中断，1小时内确定断点位置；影响1栋楼的网络运行的光缆故障需在12小时内抢通；不影响网络运行的环路光缆故障需在24小时内抢通。

3. 校园核心网和出口网运维

负责校园核心网和出口网的规划、建设和管理；负责校园网核心网和出口网所有设备的日常维护，包括核心交换机、流控、出口路由器、NAT设备、cache设备和负载均衡设备等；负责校园网所有互联网出口的建设和维护；负责校园网NAT日志的管理。

该岗位主要考核指标：解决用户互联网出口问题，用户满意率不低于95%；故障响应速度快，重大问题做到不解决不休息。所负责维护的设备连线可靠、规范、标识清晰、无明显灰尘，安全防护措施（门锁、机柜门锁等）齐全、使用得当；校园核心网和出口网全年可用率达到99.99%，全年累计停机时间不超过52分钟。

4. 校园卡专网/物联网运维

负责校园卡专网和物联网专网的规划、建设和管理；负责校园卡专网和物联网专网核心设备的运维，包括核心交换机、SDN 服务器等；负责校园卡专网和物联网专网接入层的建设和维护。

该岗位主要考核指标：用户满意率不低于 95%；故障响应速度快，重大问题做到不解决不休息。所负责维护的设备连线可靠、规范、标识清晰、无明显灰尘，安全防护措施（门锁、机柜门锁等）齐全、使用得当；校园卡专网和物联网专网全年可用率达到 99.99%，全年累计停机时间不超过 52 分钟；考核校园卡终端和物联网终端的数量，以及终端的连续在网时间。

5. 基础信息系统运维

负责校园网基础信息系统的规划、建设和运维工作。校园网基础信息系统具体包括认证系统、DNS 系统、DHCP 系统、VPN 系统、日志系统、网管系统等。

该岗位可由 2~3 人组成，每人负责几个系统的软硬件运维，同时互为 A、B 角备份。该岗位主要考核指标是各信息系统的全年可用率，要求达到 99.99%，全年累计停机时间不超过 52 分钟；对重要的信息系统，如 DNS、DHCP 和认证系统，全年可用率要求达到 99.999%，全年累计停机时间不超过 5.2 分钟。

6. 数据中心建设与运维

数据中心建设与运维岗位的技术人员，主要负责学校数据中心软硬件基础设施的建设与运维工作，包括数据中心的规划、建设和运维；负责数据中心所运行各信息系统的测试环境及运行环境的安装部署及管理，各信息系统的更新和运行环境管理维护等；负责数据中心备份/灾备系统的规划、建设和运维。

本岗位应重点以数据中心可用率及数据安全作为考核的关键指标。例如，"数据中心可用率达到 99.99% 以上，全年累计停机时间不超过 52 分钟；保证核心数据中心运行的相关信息系统年度可用率达到 99.9% 以上（由于信息系统本身原因导致的服务停止不计入），全年系统停止服务时间不超过 8.8 小时；保证各业务数据库的安全稳定运行，年度可用率达到 99.99% 以上，全年停止服务时间不超过 52 分钟。保障数据安全，无数据安全责任事故。"

岗位人数可根据数据中心规模确定，如果超过一人，可对职责进行进一步细分。既可以根据管理的硬件纵向划分，如一级数据中心管理、二级数据中心管理，又可以根据数据中心层次结构或业务范畴横向划分，如硬件管理、基础软件管理等。

7. 信息系统建设与运维

信息系统建设与运维的技术人员主要负责研究和设计公共服务信息系统与相关业务信息系统的系统架构、技术标准、技术路线、实施方案等，组织完成信息系统建设、上线运行及日常维护；负责制定并实施完善的信息系统安全方案、运行维护方案和服务响应方案，以保证所有信息系统的稳定、安全及优质服务。

本岗位应重点以信息系统项目的按期完成率，完成质量以及所运维系统的可用率作为考核的关键指标。例如，所承担的信息系统建设任务（含二次开发）完成率100％，验收良好率100％，有完备的信息系统建设文档；及时响应系统对接需求，配合制定对接方案，对接任务完成率100％，良好率100％；严格执行系统管理计划、方案和应急预案，有完备的管理日志，对所维护的应用系统进行完备的监测，及时主动发现系统问题，并予以解决，系统可用率达到99.9％及以上，全年系统停止服务时间不超过8.8小时。

岗位人数可根据信息中心所承担的信息系统数量确定，在多人职责分配上，可以根据信息系统技术特点、所服务学校业务领域等进行划分，既兼顾人员在专业技术上的发展，又使得他们在相关业务领域上有深入发展的空间。

8. 网络安全管理

毋庸置疑，网络安全管理已逐渐成为高校信息中心不可或缺的技术岗位。网络安全管理的技术人员主要负责网络安全技术架构的设计与建设，各类网络安全设备的建设与运维，信息系统的上线安全检测与定期安全扫描；负责对各类安全事件的监测、分析和处理；负责制定和实施校园网网络安全和信息系统安全管理的相关规范。

本岗位应以信息系统上线网络安全检测的执行率、定期安全扫描计划的执行率、网络安全事件的及时处置率为核心考核指标，并以年度网络安全零事故作为奖励指标。例如，"当年信息系统上线网络安全检测的执行率为100％，高危漏洞检出及修补率100％；定期安全扫描计划执行率为100％；网络安全事件的及时处置率为100％。"

网络安全管理岗的人员数量可视学校网络及信息系统规模确定，一般至少应有一名专职人员，但最好为三到五名专职人员组成的安全团队。在具体职责划分上，可根据安全层次进行横向划分，如网络安全、系统安全、数据安全等，也可以根据安全领域进行纵向划分。为了加强安全管理，增强安全意识，落实好信息化与网络安全同步建设发展的要求，可采用成立跨实体组织的网络安全技术工作小组方式，将所有技术人员都作为工作小组的成员，成为兼职的网络安全管理员，并进行专项网络安全培训，获得相应证书，真正把网络安全意识贯彻到网络和信息化建设的每一个岗位，每一个环节。

9. 数据管理与分析

数据管理与分析的技术人员主要负责学校基础（中心）数据库规划、建设及运维；负责制定并有效实施系统管理及运维的方案、计划及应急预案，建立完备的系统管理日志；负责基础数据的统计与分析；负责所管理数据的安全；负责统一数据共享与交换平台的规划、建设与运维，解决用户使用统一数据共享与交换遇到的各类技术问题；负责大数据分析平台及应用的建设与运维。

本岗位应以数据库、数据交换平台等的可用率及数据分析任务的及时完成率作为核心考核指标。例如，"基础数据库、数据交换平台及大数据分析平台建设按期完成率100%，验收质量达到良好及以上；保证所负责数据库及平台年度可用率达到99.99%以上，全年停止服务时间不超过52分钟；保障数据安全，无数据安全责任事故；严格执行系统管理计划、方案和应急预案，有完备的系统管理日志；对所管理的数据库进行全方位监控，能做到及时主动发现和处理问题；根据要求及时完成各类基础数据的统计分析。"

岗位人数视学校基础数据规模确定，一般应有至少一名专职人员。在多人的职责细分上，可根据数据及交换管理、大数据分析等专业领域进行进一步划分。

5.2.3 技术人才的培养

高校信息化工作的特点决定了对于技术人才的要求必然是复合型的，不懂业务只懂技术不过是空中楼阁。通过严格选拔进入信息中心的人才，一般来说其技术能力都毋庸置疑，但必须要找到合适的途径迅速加强对相关业务的熟悉与理解，从而进一步形成利用技术解决业务问题的能力。因此，必须在技术人员的岗位职责中明确其负责的系统和业务范围，避免单纯地以专业技术领域，如数据库、服务器、前端开发等来划分，而应兼顾技术范畴与学校业务范畴。

当然，在技术人才的培养上，也要避免一味强调"沟通协调"而导致的技术能力"退化"。毕竟，专业技术才是信息中心人员的看家本领，也是信息中心存在的价值。所以,在人才培养的方面,一刻也不能忽视对专业技术能力的培养,要多多利用专业培训等机会,鼓励他们在专业技术上的提升,获得相关的专业技术证书。此外,在实际工作中,也要督促他们自己动手,并对实践创新予以鼓励。

5.2.4 技术队伍的管理

做好技术队伍管理的目的是最大限度地挖掘人才潜力,合理使用人才,进一步调动人才的积极性和创造性。要做好技术队伍的管理,应该做到以下几个方面。

1. 明确岗位职责

岗位职责是对工作、责任内容及要求的描述,在制定岗位职责过程中切忌大而化之,应该尽量力求具体清晰,能够量化的要求一定要量化。例如,所负责运维系统的可用率,所负责建设项目的完成率及优良率等。只有要求明确、责任清晰,技术人员才有努力的方向和目标。动力来自适度的压力,有了明确的岗位职责,才有明确的考核评价标准。

2. 严肃责任追究

技术人员普遍存在重技术轻管理的思想,反映到日常工作中,往往会出现以技术问题为借口推脱相关责任的问题。要解决这一问题,除加强日常责任意识教育外,还应制定具体的责任认定及追究办法,建立严格可行的责任追究制度。制度的制定应与实际工作紧密结合,并根据事故性质进行合理分级并制定相应的认定流程及处罚措施。当然,事故的追究和处罚必然不是管理的目的,它应该成为一把加强技术人员责任意识的"戒尺","与其失之于宽,不如宁过于严",最终将人为的事故消灭于未然。

3. 拓展发展空间

在技术人员完成岗位职责的基础上,应该要重视给予其符合本人能力特点的发展空间,使其能有挖掘自身潜能、发挥自身创造性的机会。例如,对于一些责任心较强且有一定管理能力的技术人员可以赋予更多的管理职权,而对于一些潜心于技术钻研的技术人员则可以给其创造更多独立创新的空间和机会。

4. 严格考核评价

考核评价是衡量技术人员工作质量的重要手段,也与个人利益及发展息息相关,其公平性直接影响着技术人员工作态度的积极性。因此,建立一套公平合理的考核评价体系并严格执行相关流程对于技术队伍的建设和管理至关重要。"不患寡而患不均,不患贫而患不安",只有将岗位职责的要求严格在考核评价中一一对应,只有将责任追究的处罚在考核评价中一一落实,只有将工作业绩细化并公平量化,才能得出令人信服的考核结果,才能真正使考核评价起到应有的作用。

5.3 服务队伍

信息化本质是为师生提供服务。以华中科技大学为例,校园内师生及相关人员约10万人,且师生的信息化程度参差不齐,如何提供体验好的信息化服务?学校建设了一套基于ITIL(信息技术基础架构库)的服务平台,依托平台建立了一支线上与线下混合的IT服务团队为师生提供信息化服务。IT服务团队由3名专职人员,7人的外包维修团队和30名学生网管组成。服务的基本流程是,用户通过本地、电话或者微信反映问题,线上人员首先对问题进行初步判断和分类处理,在权限范围内的问题及时处理,对于疑难杂症和网络故障等问题通过派单方式转发给相应后台部门或者维修部门处理,第二天线上人员对已处理的问题进行抽样回访。IT服务建设有以下几个特点。

1. IT服务前后台分离

建立了统一的IT服务平台,不论是网络服务还是信息化服务,对用户统一接口。用户不用关心这个问题该找哪个老师,归哪个部门管。另外,前台人员接受过专门的训练,可以与用户更好地沟通,减少可能发生的语言冲突。

2. 高效服务

故障得到及时处理,用户才可能有很好的服务体验。IT服务采用限时处理的方式,一般上午派单,当天解决;下午3点后派单,第二天解决;VIP用户两小时内解决;规模故障(如一栋楼网络不通),问题不解决不休息。第二天对超时工单进行追踪,查明超时原因。

3. 高质量服务

IT 服务中强调穷尽各种方法以解决用户问题为主,尽可能做到"快解决,少解释"。现场处理问题时适度扩大服务范围,尽可能帮助用户解决问题。另外,通过抽样回访等手段加强服务质量管理。

4. 学生网管团队自主服务

组建了一支近 30 人的学生网管团队,为宿舍用户提供及时的上门服务。同时学生网管团队也是信息技术部门的"探针",可以利用上课、实验等机会定期测试学校的网络和信息化系统,做到问题及时发现和处理。

IT 服务直接面向广大用户,广大用户是通过 IT 服务来认识后面的 IT 管理部门,因此提高 IT 服务水平尤为重要。学校人数众多,人员信息化水平参差不齐,一味强调线上服务很难让用户获得好的体验,我们通过打造一支线上和线下相结合的 IT 服务队伍,依托 ITIL 服务平台为用户提供专业、迅速、贴心的 IT 服务。

5.4 应用队伍

网络与信息系统的应用推广一定程度上决定着信息系统的成败,而执行信息系统应用推广的队伍即为应用队伍。应用队伍可分为三个层面,一是各部门负责信息化工作的副处长、信息化联络员(以下统称为信息化联络员)等,二是各部门所有使用和管理信息系统的人员,三是使用网络和信息系统的普通师生。这里重点讨论前两类人员。

各部门信息化联络员一般来说具备信息类相关专业背景,熟悉信息系统开发相关技术,同时,由于长年在职能部门工作,熟悉业务流程,因此成为部门工作人员和信息系统开发人员之间的桥梁,担负着将业务需求转换为信息系统需求的任务。信息化联络员的专业技术能力和敬业精神决定着信息系统建设以及推广的质量,因此必须重视这个群体的建设。一是要加强该队伍的建设,增强其凝聚力,提高其干事的决心和信心,通过不同渠道为该群体争取相关利益。例如,建议学校明确各部门必须设立专职的信息化联络员岗位,扩大编制;为他们在评定职称和晋升方面设立适合他们特点的特殊政策条款,比如将他们考取的计算机类专业资格证书可以等同于发表文章、专利、专著等条件,对于发表文章以工程落地类文章为主,注重文章的影响力和关注度,不强行要求发表文章的期刊级别,等等。二是要对信息化联络员经常性开展培训,包括技术培训和业务培训,让他们能够紧跟技术潮流,避免落伍,信息化部门为他们解决培训费用;让他们熟悉业务流程,方便办理项目论证、系统上线、等保等工作。三是要鼓励他们参加一些主流的资格考试,以利于他们的职称评审或职业发展,例如计算机技术与软件专业技术资格(水平)考试、注册信息安全专业人员(CISP)、教育系统网络安全保障专业人员(ECSP),以及一些企业认证,主要包括 Oracle 数据库认证专家(OCP)考试、华为(HCNA/HCNP/HCIE)、新华三(H3CNE/H3CSE/H3CTE/H3CCE)、思科(CCNA/CCNP/CCIE)、VMware(VCAP)、红帽子(RHCE),等等,并为他们解决考试认证费用。

能够使用相关信息系统,熟悉常用的信息技术,已成为各单位各部门教职员工的基本素质要求。他们是面对全体师生用户的一线人员,他们的使用、管理与反馈信息对于信息系统的质量和改进十分重要,因此要重视他们的意见。在系统设计之初,要充分征求他们的意见,对他们的意见进行汇总、整理和优化,确定最终需求,合理的需求应得到充分的尊重以及快速满足,不合理的需求应及时告知以获得理解和支持。系统设计过程中,应经常召集他们观看系统演示,让他们尽可能充分参与界面和流程讨论,避免开发完成后返工。系统正式上线前应对他们进行系统操作培训,让他们理解系统设计的意图,熟悉操作方法,明确解决问题的途径。在正式全面推广前,让他们先行试用,及时消除基本的业务逻辑错误,为全面推广奠定良好基础。

5.5 结　　语

信息化队伍建设不是一朝一夕就可以完成的,需要获得学校领导、人事部门和其他职能部门的共识,争取政策,努力在全校形成网络安全和信息化人才也是人才的良好氛围。要有队伍建设的总体规划,分步实施,逐步形成信息化队伍的特有体系。要想方设法保持队伍的活力,充分发挥他们的才能,让队伍永远焕发生机,支撑学校网信事业这艘大船勇往直前,破浪前行。

参考文献

[1] 彼得·考夫曼.穷查理宝典:查理·芒格箴言录[M].李继宏,译.北京:中信出版社,2016:457-502.

[2] 钟华.企业 IT 架构转型之道:阿里巴巴中台战略思想与架构实践[M].北京:机械工业出版社,2018:35-206.

6

经费与项目管理

近几年来,高校信息化建设进入快速发展期,很多高校落实了信息化建设经费。但是面对一笔庞大的经费,如何提高资金使用效益？如何避免项目一拥而上,走原来的"信息孤岛"的老路？对信息化部门来说是一个很大的考验。必须建立一套完善的项目管理机制,统筹全校信息化建设,确保每个项目建设都符合学校信息化总体规划,项目中采购的硬件设备、建立的信息系统应该符合集中、共享和集成要求。近年来,华中科技大学不断完善项目管理,逐步摸索出了一套基于全生命周期的信息化项目管理机制,供大家参考。

6.1 总体思路

华中科技大学信息化项目管理的总体思路是"项目入库,三年滚动;全面提升,支持重点;提前启动,确保进度;据实拨付,提高效益;严格过程,保证质量。"信息化项目依据规划实行入库制,入库的项目成熟一个启动一个,成熟的项目可进入论证及审批立项程序;实行滚动预算制,不要求项目当年启动、当年验收,三年内启动并完成验收即可。支持各部门开展信息化建设,全面提升学校信息化水平,重点支持符合规划、基础性、改善民生的项目。对于急需的项目,正式入库前,可以提前进行论证,为项目招标采购和建设赢得时间。项目立项后,根据合同及进度据实拨付资金,而不是根据项目总预算或合同总金额一次性拨付,从而可以同时启动更多的信息化项目,大幅提高资金利用效率。对信息化项目全过程进行严格审核和监控,尤其是严把论证和验收环节,确保项目建设质量。

一个完整的信息化项目周期大致要经过需求征集、需求整理、经费预算、项目入库、项目申报、项目论证、立项、项目采购、经费拨付、项目建设、中期检查、项目验收和运行与升级等 13 个环节。管理和服务好每个环节是信息化项目的关键。

6.2 确定需求

实际建设需求通过需求征集和项目整理两个环节来确定。为减少信息化项目建设的盲目性,增强规划性,信息化管理部门应在全校范围内了解信息化需求,需求申报（需求征集）是了解全校信息化需求的主要方式之一。

1. 主要目的

需求申报的主要目的是摸底调查,确定下一年的主要建设内容,增强计划性,提前谋划,先定事再定钱,而不是钱来了再想事。

2. 时间节点

需求申报应在上一年年中甚至更早进行,要求全校各单位报送下一年的建设需求或未来三年的需求。时间跨度不宜太长,如果超过三年,则需求会不太真实,三年预算中后两年的需求也很难准确,但可以通过以后每年新报需求再进行修正。

3. 主要原则

第一,必须符合学校信息化发展规划。除少量特殊或紧急情况急需建设的项目之外,所有的信息化项目都应按照学校信息化规划安排,坚持"一张蓝图干到底"。第二,必须符合学校信息化总体建设原则。例如,如果学校已经明确了统一建设数据中心,那么校内各部门、各单位都没有必要再报送采购服务器、存储等硬件设备的需求了;如果学校已经确定要建设网站群平台,则各单位则不能再申报单独建设一个网站的需求,等等。第三,必须围绕学校中心工作,满足师生需求。信息化建设是实现学校发展目标的辅助支撑手段,必须服务于学校的总体发展战略,支撑和保障学校中心工作和学校正常高效运转,必须满足师生对信息化发展的需求。

4. 需求整理

需求提交后,对需求进行初审和整理,将不符合学校信息化发展规划和基本原则的需求以及一些伪需求剔除。伪需求是指表面看起来合理,但是实现难度很大,脱离当前信息化发展阶段的需求,例如对数据要求过高,实现难度很大;或虽然很有必要,但对于要达成什么样的目标还不明确,缺少实现路径;或需求较为初级,应用的技术较为落后,方案明显不合理;或投入高,但产出低、效益低,等等。如果剔除不合理需求和伪需求后,仍然存在需求过多的情况,则应按照轻重缓急、项目成熟情况和申报部门的信息化能力排序,先整理出下一年必须安排的需求。

需求整理是把控项目质量的第一道关,必须坚持原则,尊重实际,科学判断,少受人情、部门关系等因素干扰,把真正的需求挖掘出来,为后续经费预算的科学性和合理性奠定基础。

6.3 项目入库

1. 预算编制

通过需求整理,大致可以确定第二年学校信息化整体预算,根据需求整理情况向学校申报信息化经费预算,这样对于预算的安排和执行就可以做到心中有数。

信息化经费应实行统筹管理和集中预算,信息化经费由信息化管理部门统一向学校申报,并负责经费的分配和监管。信息化建设经费是学校信息化建设的重要抓手,统筹管理是确保全校信息化建设"一盘棋",不再产生新的"信息孤岛"或进行重复建设的重要手段。这是信息化管理部门应具备的基本权利之一,不具备信息化经费统筹管理权限的信息化管理部门将失去信息化统筹建设的重要抓手和权威性。

2. 项目入库

符合规定的项目需求要以一定程序进入项目库,可在每年年初由学校网络安全和信息化领导小组会议或其他校级会议审议入库,入库后的项目方能启动项目申报工作。由于项目入库涉及面较广,不宜由信息化管理部门自行决定,应坚持公平、公开、公正的原则进行,网络安全和信息化领导小组由学校主要领导、分管校领导和重要的职能部门主要责任人组成,这些成员往往既是审议者,也是项目申报者,领导小组审议入库项目的过程也是一个凝聚共识、确定当年信息化建设计划的过程,有利于后期的项目执行。

6.4 项目申报

项目确定入库后,可通知申请单位填写项目申报书,进入项目申报阶段。项目申报书是项目建设的主要书面文件,是后续采购文件的依据,对整个项目的建设、管理和验收非常重要。因此,必须要把好这一关,一般来说,项目申报书应包含以下内容。

1. 基本信息

项目基本信息包括项目名称、项目类型、等保级别、建设单位、项目负责人、项目联系人、信息系统维护责任人、项目总预算和项目简介等。

为了便于项目管理，需要对信息化项目进行分类，项目类型一般可分为硬件类、软件类、信息系统类、工程类和服务类等五种类型。硬件类主要是指服务器、存储、交换机、AP、防火墙等硬件设备的采购，可形成固定资产；软件类指成熟的软件产品，如操作系统、中间件系统、数据库管理系统等，可形成无形资产；信息系统类是指为满足管理服务需要采购的管理信息系统软件，信息系统一般为定制开发，可按软件形成无形资产；工程类指网络结构化布线、系统集成等信息化工程，工程中也可能包含硬件设备和软件，这部分可形成资产，纯工程部分不形成资产；服务类是指为满足信息化建设运行维护等需要，采购的专业厂商的服务，例如设备维保服务、系统维护服务、数据处理服务、软件使用服务、安全检测服务，等等，服务一般不形成资产。有的项目可能同时包含这五种类型中的几种，因此，可以多选。

为了保证项目的顺利实施，必须确定项目负责人、联系人和责任人，项目负责人一般为建设项目的部门主要负责人（部、处长）或分管负责人（分管信息化工作的副处长）。

项目预算为项目申请单位经过市场询价，根据项目建设内容综合计算得出的预算，一般询价不得少于三家，预算可在专家论证时根据专家意见进行修正，增强其合理性。

2. 必要性和建设目标

必要性要从项目的背景、依据，现有系统存在的问题和差距，项目建设的意义等方面阐述。

建设目标主要阐述项目建成后将达成的目标、取得的成效等。如果项目分多期进行，要阐述总体目标以及分期建设的每一期或每一个阶段的目标。

3. 建设方案

建设方案主要包括建设内容和系统拓扑图两部分。

建设内容包括业务需求和技术方案。业务需求根据业务需要描述对信息化项目的需求。技术方案是申报书的核心，技术方案主要包括硬件组成、软件功能模块、工程主要内容、主要技术路线、服务内容、集成内容，等等。技术方案是未来制作标书（采购文件）和签订合同的主要依据，是项目经费预算的主要依据。

系统拓扑图主要是指网络拓扑图、硬件组成拓扑图、软件或信息系统相关设计图(例如软件架构图、用例图、业务流程图、数据流程图等)。在项目申报阶段,由于尚未进入设计开发阶段,软件拓扑图只能是顶层级别的,不需要特别详细。

4. 信息化资源规划

信息化资源规划主要是信息系统类项目所涉及的基础硬件环境、基础软件环境以及数据共享需求等。该部分是统筹信息化建设的重要抓手,确保新建的项目中包含的信息系统不会出现新的"信息孤岛"。

主要包括以下几个部分:①业务基础信息,用户范围为教职工、研究生或本科生;②系统开发的语言,Java、.NET 或 PHP 等;③系统运行环境,对操作系统的要求,是运行在 Windows、Linux 还是 Unix 上;④使用的数据库系统,Oracle、Microsoft SQL Server 还是 MySQL 等。其他软件或平台(例如中间件等)也可以要求明确。这部分由学校提供的信息化基础平台能力决定,例如对数据库管理系统和中间件软件有没有明确的统一要求,已经统一采购并部署了哪些基础软件等。

信息化资源规划还包括需对接的学校信息化基础应用系统有哪些,例如统一身份认证系统、信息门户、移动门户、电子邮件、短信平台等。

数据共享信息,该部分主要是为了解决数据共享的要求,需要列出系统产生的数据,即能够共享同步给基础数据库的数据,以及需要共享使用基础数据库或其他业务系统的数据列表,从立项源头就解决数据共享的问题。

硬件资源,该部分需要填写项目尤其是信息系统类项目所需要的学校统一提供的硬件需求,包括需要的 CPU 核数、存储容量等。

信息化资源规划除填写该部分表格外,学校还应就集成与共享提出更加明确的要求,制定统一的模板,写在申报书中。

5. 项目配置清单及采购资金预算

该部分主要包括项目中拟采购的硬件设备的名称、规格、数量、单价、总价等,如果是软件或信息系统类项目,要列举子项目、子系统或功能模块。预算是项目的最为关键的信息之一,该部分是项目采购的重要依据,决定了项目是否能够拆分成多个子项目来采购。对于软件或信息系统的主要子系统或功能模块,采购时必须与填报时完全保证一致;如不一致,则必须先填写项目变更申请,审批通过后方能采购。

6. 项目组织及实施计划

为了确保项目的顺利实施，应明确参与项目建设的人员基本情况，以及项目实施的计划。

7. 网络安全

所有信息化项目，尤其是信息系统类项目，必须要考虑网络与信息安全问题。要根据信息系统安全等级保护的相关要求，确定系统预定等级，按照网络安全"三个同步"原则（同步规划、同步建设、同步投入运行），进行安全建设，落实等保要求的技术要求和管理要求措施，为后期进行等保定级、测评、备案、整改等奠定基础。

8. 项目建设牵头单位及参与单位的职能及意见

项目建设牵头单位必须就"同意按学校信息化项目和信息安全管理相关规定，组织保障本项目实施和运维，保障网络与信息安全。建立健全项目管理责任制，严格按照经专家论证和学校审定的项目建设方案组织实施，并在项目建成后，加强项目运行和维护管理，保障并落实运行维护费用，严格执行政府采购、工程监理、合同管理等制度"等做出承诺。

有些项目涉及多个单位，参与单位的负责人也应签字，以便于以后项目建设的推进和协调工作，避免在后期建设阶段出现由于部门之间对项目建设方案没有达成共识而无法推进或推进困难的情况。

9. 审批意见

主要包括信息化技术支撑部门的技术审核意见和信息化管理部门的审批意见。技术支撑部门应就方案提出修改意见，直至完全符合学校既有技术条件和技术管理规定。信息化管理部门根据综合技术支撑部门的审核意见以及专家的论证意见，提出拟审批意见。

10. 版本

项目申报书分为论证版和最终版两个版本，论证版用于提交专家论证会议，最终版为根据专家论证意见重新修改后的版本。其中，最终版用于后期的立项、采购和验收等。

6.5 项目论证

项目论证是项目管理的必要环节,也是关键环节,是后续审批立项的重要前置程序和依据,在一定程度上决定着项目的质量与成败。

1. 主要内容

项目论证的内容主要包括以下三个部分。

(1) 项目建设的必要性。从综合项目的背景、目标、意义、需求真实性、紧迫性、学校信息化发展实际和当前技术条件等几个方面,论证项目建设是否必要。一般来说,项目建设必须符合学校信息化发展规划,切合信息化建设实际,能够真正满足部门业务需要或满足师生需求,对于提高管理服务水平、促进学校中心工作等具有重要的作用。符合上述条件,才具有必要性;否则,必要性存疑,下面的具体方案也不需要讨论了。

(2) 技术方案的可行性。包括硬件选型或软件架构是否符合当前主流技术,如果采用的技术路线过时或超前,必须提供充分的依据,以降低项目失败的风险;软件功能模块设计是否合理,对信息化基础平台需求是否合理,是否符合学校制定的信息技术标准(开发标准、运行环境标准、信息标准、数据标准等),是否符合学校集成和共享的规范与要求,对网络安全是否进行了同步设计,信息系统的等保预定等级是否符合教育部等上级部门关于等保定级的要求等。

(3) 预算和进度安排的合理性。市场调研是否充分,公司询价是否真实以及数量是否符合要求,分项预算及总预算是否合理,建设项目的人员结构和安排是否合理,进度安排是否合理等。

2. 主要形式

项目论证主要以召开专家现场论证会议的形式进行,特殊情况下也可以采用远程视频会议方式,由项目申请单位提交项目方案(项目申报书),使用PPT对项目的背景、目标、方案、预算等进行报告,专家进行质询和讨论后,形成专家论证意见。

3. 论证专家

论证会议的成败,专家的选择很重要,需要注意以下几点。一是专家基本条件。一般按照规定,专家应具有信息化专业背景、副高级以上专业技术职称或相当资历。二是专家组的结构。专家组应由校内专家和校外专家组成。校内专家更了解学校信息化现状,既可以从专业角度对项目进行评判,又可以从使用者角度发表意见;校外专家可以抛开校内相关利益纠葛,可以更加公正客观地进行评判。专家技术背景也应该考虑多元性,例如,既有硬件、网络和通讯方面的专家,也要有对软件、信息系统、工程等具有丰富经验的专家,以保证能够更加全面地评判一个项目。三是专家的素质。专家除了应具备扎实的专业知识、丰富的经验外,还应善于发现问题、敢于直言和担当、处事公平公正,只有这样才能确保论证会不走过场,得出更加真实的论证结论,为学校信息化负责。专家组组长的选择也很关键,一般来说,专家组组长应尽量选择校外德高望重的专家,以增强论证结论的权威性。

4. 论证意见

对应论证内容,专家组应就项目必要性、方案可行性和预算及进度安排合理性等几个方面给出意见,同时,最为关键的是要给出论证结论:"通过论证"或"不通过论证"(应为每一个项目均出具论证结论)。

如果项目在必要性、方案可行性和预算合理性几个方面都符合要求,则结论应为"通过论证"。对于通过论证的项目,如果项目方案仍有个别地方需要进一步修订、细化或明确的,或者在项目执行、人员配备、进度安排等方面有建议的(例如,建议在系统建设过程中处理好遗留系统之间的关系,建议尽快实施,建议增加人员配备,等等),可以在论证意见的末尾增加"建议"项,将建议分项列举;没有建议的,可以不设建议项。

如果项目缺乏必要性,则结论应为"不通过";如果项目确有必要,但是方案不可行或预算不合理,则可要求修改方案后重新提交论证,但必须明确不符合要求的具体内容,例如对平台需求不合理、技术选型不合理、预算偏高等,以方便项目申请单位进行修改。

项目论证意见将作为方案修订、项目立项的重要依据。

此外,一般来说,学校采购大型设备也需要进行大型仪器设备申购论证,而信息化项目中往往包含大型仪器设备(硬件或软件)。为避免重复召开论证会议,信息化部门可与设备管理或采购部门协商,信息化部门的论证意见可作为大型仪器设备申购论证意见,或在论证会上由专家同时出具项目论证意见和大型仪器设备申购论证意见。

6.6 建设管理

6.6.1 项目立项

立项是项目进展的重要里程碑，主要有以下几个程序。

1. 分管校领导审批

分管校领导根据学校网信领导小组审议通过的项目库名单、专家论证意见和信息化管理部门的拟审意见，审批是否同意立项，并对项目建设的有关事宜做出指示。

2. 出具立项通知书

信息化管理部门根据分管校领导批示，出具立项通知书。立项通知书主要包括项目名称、项目编号、项目预算、项目包含的拟采购的子项目或大型设备列表及预算等，同时将项目申报书、专家论证意见、校领导批示意见和关于采购和签订合同指南作为附件。

采购和签订合同指南主要包括采购组织形式及采购方式、采购文件及合同要求、采购及经费拨付流程三部分，将采购流程、采购常见问题、标书和合同相关要求、经费拨付流程、发票注意事项等一一列举出来，明确标书和合同必须经信息化管理部门审核后才能对外发布或签订，让项目建设单位根据指南即可方便快速地办理后续事项，避免反复跑腿。

立项通知书一式四份，一份给项目申报单位；一份给设备管理部门（因大型仪器设备申购论证与项目论证合并举行）；一份给招标采购部门，作为项目申报单位可以进入采购程序的重要依据；一份给信息化管理部门留存，项目验收时使用。

6.6.2 项目采购

立项后，项目申报单位身份转变为项目建设单位。项目建设单位获得立项通知书后，即可向学校采购招标部门申请采购，进入采购程序。项目采购是项目生命周期中非常关键的阶段，在该阶段包含了标书制定、招标和合同签订等重要环节。信息化管理部门作为学校信息化统筹管理和监管部门,需要重点做好标书审核和合同审核两个环节。

1. 标书审核

招标文件是学校采购招标部门(或学校委托的社会采购招标机构)向候选供应商或软件开发伙伴发出的正式要约,是一份正式的法律文件,标书的内容决定着入围厂商、投标商的投标策略和投标书内容等,必须重视。信息化管理部门对标书的审核要点如下。

(1)采购内容是否与通过论证的项目申报书一致,包括硬件的数量、主要指标、软件功能模块、集成与共享要求等,必须与申报书完全一致,否则需要提交项目变更申请,审批通过后方能按照新的方案进行采购。

(2)付款方式、质保期、知识产权、验收要求等条款是否和学校信息化项目管理规定要求的一致。付款方式一般为"软件361"或"硬件631"原则,即信息系统开发签订合同后支付合同总额的30%,上线运行并经信息化管理部门验收通过后支付60%,免费维护期满后支付剩余的10%;硬件设备到货部署安装初验通过后支付60%,上线运行并经信息化管理部门验收通过后支付30%,质保期满后支付质保金10%。对于一些重要项目,可进一步降低首付比例,或系统上线后再支付首付款,避免有的公司拿了首付就走人,或只是象征性地派个人在学校"磨洋工"应付,不再进行大的投入,让学校陷入被动。质保金比例根据设备类型、金额和质保期来确定,总金额较小的设备可降低或不压质保金。质保期一般要求至少三年,重要的硬件设备应不少于五年。免费维护期或质保期过长的,可以分阶段支付所压的质保金。定制开发的信息系统的知识产权原则上归学校所有,至少应为双方共有,源代码必须提交给学校。验收要求应该在标书或者合同里明确。

2. 招标采购

具体采购程序按照学校采购有关规定进行。信息化管理部门联合采购招标部门,针对信息化项目采购,在采购审批表和合同审批表中增加信息化管理部门的审核意见,以确保信息化项目流程符合学校信息化项目建设有关规定,保障信息化管理部门在项目采购及建设过程中的统筹和监管作用。

根据预算金额大小,信息化项目可分为由学校统一招标采购或建设单位分散采购,采购招标部门或项目建设单位采购完成后需要将采购结果(中标通知书)送一份给信息化管理部门,作为下一步合同审核的正式依据。

3. 合同审核

采购招标完成后，即进入签订合同环节，合同是决定项目建设质量的重要法律文件，约定了项目建设内容、建设质量、建设进度、资金支付等。合同也决定着信息化项目尤其是信息系统项目中的关于集成与共享的要求，如果合同签订不科学、不合理，"信息孤岛"现象依然会出现，学校的利益将无法得到保障。因此，应该坚持项目合同必须经信息化管理部门审核的程序。

合同审核的主要依据包括项目申报书（最终版）、招标书和中标方的投标书三个文件。确定合同包含了项目申报书中的所列的所有内容，明确在集成共享、数据标准、技术标准、环境标准等方面符合学校有关规定，并且把学校的相关文件明确写入到合同正文中。确保质保期、支付条款、验收规定等符合学校规定和学校利益。

合同审核的流程分为形式审核和技术审核。信息化管理部门负责形式审核，包括内容、资金支付方式等；信息化技术支撑部门负责技术审核，主要是审核所涉及的技术内容等。

图 6.1 所示的是信息化项目采购流程示例。

6.6.3 经费拨付

合同签订完毕后，建设单位就可以申请经费，准备开始项目实施。首先是向信息化管理部门申请拨付款项。信息化管理部门按照信息化经费管理办法、项目合同和项目进展情况拨付首付款等款项。建设经费拨付到建设单位账户，由建设单位将经费支付给承建商（合同乙方）。

需根据项目进度拨付经费，而不是一次性拨付给建设单位，主要原因有两个方面。一是一次性全部拨付会影响经费执行效率。很多信息化项目尤其是信息系统开发的项目一般执行周期比较长，无法一年内执行完成，会跨一年甚至多年，当年年底如果项目未完成，不能进行项目验收，则无法支付尾款，从而影响资金执行进度。虽然可以使用将经费收回再重新分配的手段，但仍然会给经费管理带来麻烦，影响执行率。二是按进度拨付可最大化发挥信息化资金使用效益。近几年高校信息化经费状况虽然有所改善，但是大多数高校的信息化经费仍然非常紧张，将有限的经费放到建设单位的账上睡大觉，不如按照"需支再拨"的原则，将经费用来同时支持启动更多的项目，快速形成百花齐放的局面。

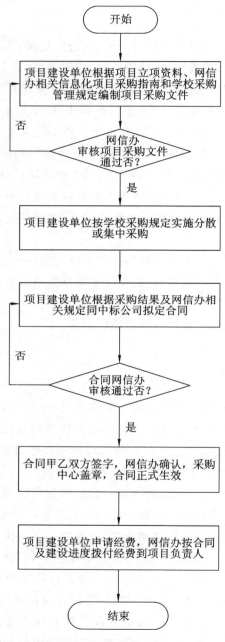

图 6.1 信息化项目采购流程示例

6.6.4 项目建设

硬件、软件、信息系统、工程和服务五类信息化项目具有不同的特点和周期,执行时也有较大差异。

1. 硬件类项目

硬件设备类项目从执行流程上来看是最为简单的一类,一般来说,建设周期相对较短,建设节点可分为设备到货、安装调试、测试、试运行和正式运行(投入生产)等几个阶段。设备正式运行一至三个月后,性能稳定,项目建设单位即可进行初验。

2. 软件类项目

成熟的商业软件类项目和硬件设备类项目比较类似,主要包括软件到货(或获得 License)、安装调试、补丁安装或升级安装、环境适应性测试、性能测试、用户培训、上线试运行、对外服务等几个阶段。软件运行稳定或对外提供若干时间的服务后,建设单位即可进行初步验收。

3. 信息系统类项目

信息系统类项目建设比较复杂,为了保障信息系统开发质量,学校制定了《信息系统建设与运行维护管理办法》,要求各单位建设信息系统必须按照办法规定的需求分析、系统设计、系统开发、系统测试、安全检测、初步验收、上线试运行和运维管理等八个阶段进行(具体请参阅本书第 7 章"信息系统建设管理")。

4. 工程类项目

工程类项目主要包括网络改造、网络布线、光缆敷设等项目,也是校园信息化中的一大类重要项目。与硬件和软件类项目相比,主要区别在于,工程类项目在招标前需进行价格审计,在正式提交信息化管理部门验收前,也必须先完成工程审计和消防管理部门出具的消防检查。

5. 服务类项目

随着信息化发展,硬件设备和信息系统越来越庞大,信息化项目也从原来的纯粹采购硬件和建设信息系统,逐步过渡到需要采购服务来维持庞大的软硬件运行。服务类项目一般包括设备或系统维护、安全服务、数据服务等三大类。设备或系统维护类服务主要是由专业服务团队对学校的硬件设备或软件系统进行运行维护服务,例如系统巡检、故障排查修复、信息系统的基本运行维护等;安全服务类主要包括等保测评、安全检测、漏洞扫描与修复、源代码审计、人工渗透测试等;数据服务类包括数据整理、清洗、扫描影印等服务。服务类项目本身不形成资产,但也必须进行项目验收,服务过程中产生的各类报告、记录、数据或效益等作为验收的重要依据,因此在服务过程中必须对该类材料进行规范管理。

6.6.5 中期检查

为了掌握项目建设进度,及时解决项目建设中遇到的问题,需要对较大型的项目进行中期检查。主要有以下几个目的:一是了解进展。了解项目是否按照合同规定的内容和进度进行,对于迟迟未启动的项目或者进度严重滞后的项目,要分析滞后的原因;对于已经立项但超过一定期限仍未启动的项目可废除立项;因形势或需求发生变化,需要进行项目变更而影响进度的,应尽快完成项目变更手续。二是解决问题。对于正常进行的建设项目,在建设过程中遇到协调、对接困难的项目,要通过召集部门协调会议、约谈建设方等方式,积极解决项目执行过程中出现的问题。三是确保质量。对于发现项目进展过程中存在质量伪劣,未按规范进行设计、开发、记录、初验等问题,要及时制止,避免项目完成后推翻重来,影响项目进度和质量;对于项目执行情况良好的项目,要求制定验收计划,汇总后确定年度项目验收列表。

中期检查可根据项目规模、类型等具体情况,采用现场检查、书面报告、听取汇报等方式进行。

6.6.6 项目验收

验收是项目的收官阶段,是检验项目建设成效与质量的重要手段。

1. 验收流程

信息化项目验收流程示例如图 6.2 所示。

建设单位根据验收清单和合同准备验收材料,所有材料装订成册,信息化技术支撑部门进行技术审核,信息化管理部门审核通过后提交专家验收会。验收会由信息化管理部门组织,邀请 5 名以上校内外专家组成验收专家组(为了提高会议效率,验收会议也可和其他项目的论证会议合并举行)。在验收会

6 经费与项目管理

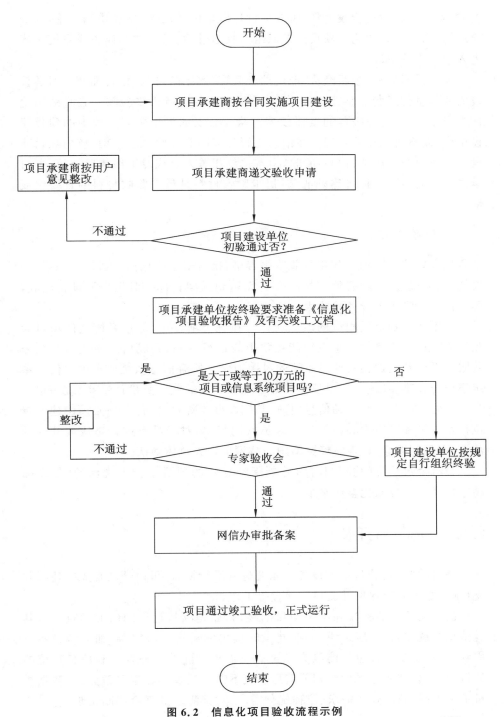

图 6.2 信息化项目验收流程示例

上,专家们查阅项目验收材料,听取项目建设单位的汇报,现场质询讨论,并查验现场,给出验收结论。项目经专家组验收通过后,项目中的设备或系统正式进入运行维护阶段。

需要说明的是,按照经费"谁审批谁监管"的原则,信息化管理部门对学校投入的信息化经费负监管责任,代表学校对项目进行最终验收。验收的结论作为资产上账、财务报账的重要依据。验收会议的汇报主体是校内的项目建设单位,而不是承建的公司。在信息化管理部门召开验收会之前,校内项目建设单位应组织完成项目初步验收,由本单位相关人员或专家组成验收组,项目承建公司向验收组报告建设情况,初步验收材料是最终验收材料的重要组成部分。

2. 验收内容

建设单位填写信息化项目验收报告书,报告书主要包括项目建设内容、完成情况、完成进度、经费使用情况和有无达到预期目标。对于大型设备验收,还要提交大型仪器设备验收表。

按项目类别提供相应的竣工文档。在五类项目中,信息系统类的项目验收最为严格。为确保信息系统能正常上线运行,必须完成信息系统与学校公共服务平台及其他相关信息系统的对接工作。所有信息系统要求填写信息系统集成与共享验收表,表单里应明确已经和学校的统一身份认证系、统一信息门户、网上办事大厅、移动信息门户、基础数据库等对接,每一项必须由建设单位技术人员和网络中心相关技术人员共同签字;对于没有进行集成或共享的部分,必须写明原因,最终经网络中心技术负责人总体确认。

只有经过严格的验收程序,才能保证新建的项目不会出现新的"信息孤岛",提高学校信息化整体水平。

6.6.7 运行与升级

项目验收后,项目中的设备和系统进入运行期,即可以开展常规的建账并支付尾款、进入质保期并支付质保金等工作。

信息化项目的验收并不是项目的终结,而是项目运行的新的起点。尤其是信息系统项目,一般来说,一期建设时提出的需求不够完善,细节考虑不够周到,信息系统开发也可能没有完全满足需求。随着业务发展和信息系统的运行使用,公共服务平台和相关信息系统不断发展及其数据日益完善,数据质量不断提高,新的业务需求、流程优化需求、对接需求等都会不断出现,进一步完善或升级信息系统就会提上日程,即可以申请新的项目进行二期建设。二期项目需按照新的项目进行申报,完成审批、立项程序以及后续项目建设。信息化建设需要一步一个脚印,不断夯实学校网络与信息化基础设施,使信息系统蓬勃发展,形成良性循环,从而推动学校信息化提升到更高水平。

6.7 经验探讨

1. 制度先行

信息化发展规划是顶层设计,是项目管理的重要依据,决定着哪些项目应该进入论证和立项。如果没有规划,可能会引起"乱审批"的诟病,因此,必须先制定出台规划,再开始规范项目管理。完善的项目管理办法和经费管理办法是开展项目管理的重要保障,这些规章制度明确了项目及经费管理的流程和规则,减少了项目管理过程中的随意性和争议,使项目管理能够顺利执行。为快速且规范推进信息化项目及经费管理,华中科技大学先后发布了《信息化建设纲要》《信息化技术架构建设条例》《"十三五"信息化发展规划》《信息化项目管理办法》《信息化经费管理办法》等文件,正是这些信息化管理文件以及采购、资产、财务相关的文件制定在前,才使得项目及经费管理的每一步都有据可依,顺利进行。

2. 严控经费

严格管理信息化经费是规范项目管理最有效的手段,因此,必须对经费做到严格控制、细致管理、高效执行。在申报预算时,财务部门会将其他单位的涉及信息化建设的经费需求归并,由信息化管理部门统一申报,获得打包的信息化经费后通过项目进行二次分配,从而确保了经费的统筹使用,大幅提高了资金效益。立项后,建设经费拨付到各项目负责人,一个项目一个经费号,专款专用,项目负责人全权负责经费对外的实际支出,承担经费的审计责任。经费根据合同按照进度拨付,既可以提高资金利用效率,也是制约建设单位和承建公司的重要手段,避免出现"突击花钱"的情况。

3. 做好服务

项目管理一方面要做到严格,另一方面也要为建设单位做好服务,提高项目管理过程中各个环节的效率。项目管理涉及大量信息化经费,为便于以后的检查和审计,必然会贯穿一系列文档表格。科学、合理、明确的表格以及完善的各类申请模板,会大幅提高工作效率。华中科技大学网信办经过近几年项目管理的经验积累和摸索,设计了 10 余个覆盖项目管理全流程的表格和模板,主要包括《信息化需求申报书》《信息化项目申报书》《信息化项目大型设备性能指标估算和选型参考》《信息化项目采购申请表(信息化项目采购需求格式)》《采购文件审核表》《信息化项目采购合同审批表》《信息化项目建设经费申请表》《信息化项目建设进展报告》《信息系统与学校公共基础平台对接验收清单》《信息化(子)项目验收报告》。针对不同的项目类别,提供的合同模板有硬件设备购销合同模板、信息系统技术开发合同模板、系统集成或工程类合同模板、自助服务系统和终端设备采购合同模板等。

为了规范项目管理,方便各级领导对项目相关环节进行审批,学校还建设了信息化项目管理平台,实现了整个项目管理流程的线上管理、微信端审批,尽量减少线下纸质材料的流转。

4. 领导负责

应要求信息化项目负责人必须为建设单位主要负责人。信息化建设是"一把手"工程,尤其是信息系统类项目,涉及业务流程优化改造,有些流程的变化甚至是颠覆性的,只有让单位主要负责人作为项目负责人,才可能推得动、搞得好,否则容易造成进展缓慢甚至项目烂尾。项目负责人负责管理项目经费,也承担着项目经费的审计责任,增强其责任感,促其管好用好经费。

5. 抓住关键

结合信息化项目建设的特点,全生命周期的项目管理环节之间环环相扣,每个环节都有不同的侧重点及着力点,而只要每个环节的着力点管理到位,就会为下个环节的管理打好基础。

立项环节要抓好技术方案。技术方案主要包括业务需求。业务需求越细,方案会做得越科学。项目负责人和项目联系人需要深入了解业务需要、梳理业务流程,必要时通过业务流程图等方式来展现梳理;还要明确业务实现过程中涉及的岗位和角色,需要采集的数据,哪些基础数据可以从基础数据库获得,哪些业务数据推送回基础数据库,数据达到一定规模后需要经常做哪些统计报表、有哪些查询需求,等等。

在采购环节,除了确保项目常规内容需要完整和一致外,重点是要求标书和合同中的付款方式及质保要求,避免过早、过多将经费支付给承建公司,使项目后期在进展过程中学校处于被动。

在项目建设环节中,要注意抓进度,通过要求建设单位报送进度和经费使用计划,掌握各个项目的进展情况。还要深入项目建设过程,及时解决困难,发挥信息化管理部门的统筹协调作用,绝对不能让各单位自行建设,放任不管,否则,项目质量将无法保障,也容易出现烂尾,导致钱白白花了,成效甚微甚至没有成效。

项目验收环节,主要抓住项目是否完成了合同规定的内容,文档资料是否齐全,成效如何。除了要关注设备是否到位且型号符合要求,运行是否正常,系统是否开发完成,是否上线运行,是否开始使用(上线和实际使用是两回事)外,还要重点关注集成与共享的要求是否完成,这是信息化管理部门最为重要的职责;文档资料一定要齐全,信息系统类项目必须提供软件结构、类设计、数据库表设计等软件开发文档以及源代码,以方便系统后期维护和二次开发;成效主要看运行效果、用户数量、用户反馈、经济效益、社会效益等。严格的验收要求,对学校和公司都是负责任的,有益无害。

6. 技术支撑

信息化项目建设是一项对管理和技术要求都很高的任务,但是很多校内项目建设单位缺乏既懂技术又懂业务的人员,这会成为项目进展缓慢或不成功的主要因素之一。在现有条件下,有两种方式可以缓解这种现象,一是建设单位招聘或培养此类人才,二是网络中心提供技术支撑,派驻人员到相关部门协助。但无论怎么样的方式,责任必须清晰,项目建设都是以建设单位为主,信息化技术支撑部门为辅。

7. 通力协作

全生命周期的项目管理不可避免地与校内采购、设备、财务等管理部门的业务有对接,在流程具体实施前,必须和相关部门进行充分沟通,明确界限和分工,多部门通力合作做好项目管理。例如,设备管理部门要认可信息化管理部门组织的信息化项目及大型设备的论证意见和验收意见,标书必须经信息化管理部门审核后才能发布,合同必须经信息化管理部门审核后方能签订,财务部门支持一个项目一个经费号及分批拨付的经费管理等。

8. 依靠专家

无论是项目论证还是项目验收,都必须组织专家进行评审。通过专家评审出具论证意见或验收结论是第三方评价及专业评价的体现,是信息化项目管理的重要一环。专家的素质决定着评审质量,成功的专家评审会议能够使得验收文档更加规范、齐全,经得起未来的项目审计和检查。专家提出的问题和建议也必须一一落实。专家评审会是一个非常好的交流平台,可以吸收各高校建设过程中的成败经验,促进大家共同成长和提高。

6.8 结　　语

信息化项目管理在高校信息化建设管理中发挥着重要作用,规范高效的项目管理可以提高信息化建设水平;反之,混乱、不规范的项目管理对信息化建设伤害很大,很容易出现"钱花了,但看不到效果"。信息化管理部门既要秉承严格的管理理念,又要树立热情服务的意识,获得项目建设单位的理解和支持,通过良好的项目管理,规范信息化建设,鼓舞大家干事的士气,不断把学校的信息化建设推上新的台阶。

7

信息系统建设管理

7 信息系统建设管理

信息系统是高校信息化的核心,信息系统建设管理水平决定着信息化建设成败的关键,但信息系统又极具复杂性,要建设好信息系统必须掌握正确的方法。

7.1 信息系统

根据百度百科的解释,信息系统(Information System)是由计算机硬件、网络及通信设备、计算机软件、信息资源、信息用户和规章制度组成,以处理信息流为目的的人机一体化系统。

有一种观念认为,信息系统是计算机技术在某个组织的应用,是一个技术过程,从而进一步提出所谓的"交钥匙工程"。然而,在实际建设中,当"钥匙"交到用户手中时,用户往往会发现"这并不是我要的系统"。一幅著名的流传于互联网的漫画(如图 7.1 所示),从一个侧面展示了这个结果产生的过程。用户需要的是一个家里三个孩子都能玩的秋千,结果需求调研、产品设计、产品开发、现场实施、商务、市场、运维等各个环节都根据自己的理解和需求给出了千奇百怪的结果。花了"过山车"的投资,却得不到一个"绳子+轮胎"的效果,漫画虽然夸张,但也正是我们在信息系统建设过程中常常面对的现实。

图 7.1 秋千制作过程(资料来源:www.projectcartoon.com)

7.2 复杂性分析

要解决好信息系统建设的管理问题，就必须充分理解信息系统建设的复杂性及其与一般性技术工程建设的区别。信息系统建设并非一个简单的技术过程，而是一个复杂的社会过程。此外，高校信息系统建设还有其特殊性。下面通过信息系统复杂理论分析一下高校信息系统建设的复杂性。

1. 参与者复杂性

信息系统建设是人类活动的协调序列，是多种参与者的协作过程。在建设过程中，用户、管理者、系统设计者、程序员、技术专家等参与方相互联系、相互影响，本质上说建设的过程就是这些参与人员的协调过程。此外，信息系统本身就是一个人机系统，建设者必须充分认识人在信息系统建设过程中的影响因素，例如人员的信息化素质、心理及习惯等。高校信息系统建设的参与者众多，其用户包括各级领导、部门管理人员和师生等，诉求和习惯也不尽相同；参与建设和运维的人员包括学校职能部门的领导、管理人员和信息技术人员，学校信息化管理部门的项目管理人员、安全管理人员，学校信息技术部门的硬件和基础软件平台管理运维人员、安全检测人员，开发信息系统的公司项目经理、需求分析人员、设计人员、程序员，等保测评与整改公司的技术人员，等等，参与人员众多且类型层次各异，颇具复杂性。

2. 组织复杂性

信息系统建设与组织的管理息息相关。系统的建设者必须充分认识和理解现行的组织架构和管理体制及流程，并对其进行分析及优化。此外，信息系统建设的结果也会或多或少带来组织管理甚至利益格局的变革，系统建设者必须对这些变革所带来的复杂性有充分的认识和准备。高校信息系统建设往往涉及部门内部岗位的变动，或部门之间流程的改变，这已不单纯是一个技术问题，而是一个管理问题。高校内部部门设置较多，分工较细又有交叉，信息系统的功能跨部门成为常态，部门之间的配合在很大程度上决定着信息系统建设的成败、效率和使用效果。

3. 需求复杂性

信息系统建设必须面对需求鸿沟。虽然需求鸿沟可能存在于任何工程建设中,但信息系统的需求获取仍有其独特的复杂性。一个信息系统通常要支持组织内部各级部门、多个业务的管理需求,各类人员在表达需求时,往往出现表述不清或相互矛盾的情况。即便是用户清晰地表达了需求,还可能存在由于系统设计者不理解相关业务等原因造成的差异。在一般的技术工程中,往往可以通过生产样品或模拟仿真等方式缩小需求鸿沟,但信息系统通常是"一锤子买卖"方式的定制开发,样品即产品,所以需求鸿沟会直接体现在上线运行环节。在高校信息系统建设过程中,由于部门管理人员对需求描述不清,或者对信息系统期望过高,而开发的公司对业务的理解不深,结果导致信息系统开发完成了,才发现"不是自己想要的""比原来线下方式还麻烦",甚至要推倒重来,浪费了大量时间和精力,这也是高校很多信息系统建设失败或者推进缓慢的原因之一。

4. 技术复杂性

信息系统建设所采用的技术相对复杂。信息系统建设涉及的技术日新月异,专业性强,是一个典型的智力密集型劳动过程。相对于一般的技术性工程而言,信息系统建设所采用的技术手段复杂程度更高。高校很多人会把基建和信息系统开发做比较,二者在标准化、可视化等方面差异很大,软件的特性决定了信息系统相对来说更加不可控。一方面,互联网的快速发展,推动了互联网技术的快速发展,高校信息系统作为面向思维活跃并且对信息化要求极高的师生服务的软件,不可避免地要跟踪社会技术潮流;另一方面,高校内部的信息系统繁杂,仍然存在着大量老旧系统,技术年代跨度大,更加复杂。但高校信息中心高水平技术人员缺乏,现有人员知识老化,利用最新的互联网技术开发信息系统已十分吃力,即使委托公司开发,在接收源代码进行小规模二次开发,甚至运维方面也面临许多困难。

7.3 主 要 模 式

高校信息系统主要是指为高校的管理、教学、科研、生活等各方面服务的、处理高校相关数据的信息系统。由于各高校办学理念及管理模式等不尽相同,高校信息系统往往无法找到一个放之四海而皆准的"标准产品",成熟度不足、定制化程度较高。

1. 主要建设模式

目前,我国高校信息系统建设管理模式主要分为如下三种。

（1）各自为政，分散建设。各部门根据自己的信息化需求，自行建设信息系统，这种模式在早期高校信息化建设中非常常见。学校没有统一的信息化规划和相关标准，信息系统"烟囱式"发展。

（2）统一管理，统一建设。借鉴西方发达国家高校信息系统建设的经验，国内部分高校也开始尝试建立 CIO 制度，并由学校信息化部门统一进行学校信息系统的规划、管理及建设。学校各部门将自己的信息化需求提交到信息化部门，由其统一进行开发、建设和运维。

（3）统一管理，分别建设。有的高校为避免出现上述第一种模式带来的弊端，在信息中心还没有能力完全按照第二种模式建设的情况下，开始实施"统一规划、统一管理、分别建设"的模式，信息系统由学校统一规划，主要建设内容、数据标准、对接和共享规范等建设方案以及系统上线、验收等由学校信息化部门统一管理，但其建设仍由各职能部门负责。

2. 模式分析

第一种模式在信息化发展早期，对于提高部门积极性，促进学校信息化快速发展起到了重要作用。但由于建设缺少统一规划和统一管理，信息系统野蛮生长，对于后期的数据共享、系统对接、升级、维护等都带来很多问题，弊端十分明显，已经不适合当前的情况。

第二种模式无疑是一种理想的并已被西方发达国家高校普遍采用的信息系统建设管理模式，其效果毋庸置疑。但如果生搬硬套至我国高校，又必定会出现水土不服的情况。一是国内信息化部门人员规模不足以支撑"大一统"的建设模式。根据 2015 年对全国 243 所高校的调查，国内接近 80% 的 211 高校和超过 50% 的普通高校信息化部门的人数平均为 16 人以上[1]。但这一数字与西方发达国家高校信息化部门动辄二三百人的规模相去甚远。以目前国内绝大部分高校信息化部门的人力规模，要包揽信息化规划、网络及基础设施运维到所有信息系统建设运维是不现实的。二是"大一统"建设模式可能会进一步扩大"需求鸿沟"，并造成责任不明。在国内高校现行的管理体制下，如果由信息化部门包揽所有信息系统建设，其他部门变身为"用户"，无疑会由于信息化部门不熟悉具体业务、无法及时预知管理制度调整等原因，使得"需求鸿沟"进一步扩大；同时，由于部门无须承担信息系统建设责任，可能使得整个建设工作无法顺利推进；此外，信息化部门还可能会因为信息系统建设陷入相关部门管理甚至利益格局变革所引发的矛盾中。

第三种模式综合了上述两种模式的优点，比较符合大多高校的信息化建设实际情况，既保证高校信息系统建设的统一性、规范性，对信息系统建设过程可进行有效控制,确保建设质量;又可以激发各部门开展信息化的积极性,对于创建良好的高校信息化建设生态有着积极意义。

7.4 主要方法及实践

1. 制定制度

为了规范信息系统建设管理,高校应制定"信息系统建设管理办法",它是信息系统建设管理的重要保障,是信息系统建设管理的"根本大法"。该办法明确了信息系统建设的基本原则、职责分工、阶段划分及管理、安全保障措施、罚则等,将信息系统建设的全生命周期纳入管理,确保信息系统建设质量。

为规范信息系统建设与运行维护管理,华中科技大学于 2017 年制定了《信息系统建设与运行维护管理办法》(校信息化〔2017〕1号)(以下简称办法),该办法共 13 章 53 条(详见《高校信息化建设与管理——制度篇》一书),详细规定了学校信息系统建设和运行维护的原则、阶段、安全保障等,有效地促进了学校各部门信息系统的建设和运维管理的规范化及水平的提高。

2. 确定原则

高校信息系统建设进展不顺利,很多时候是由于信息系统建设的原则不明确,或一个部门一个办法,或一个系统一个办法,或一个领导一个办法,导致信息系统建设朝令夕改,信息化部门不知所措。先确定信息系统在整体规划、建设质量、对接共享、用户体验、数据采集、安全稳定、建设模式等方面的原则,信息系统建设的所有参与者应遵循这个原则,尽量减少因参与者复杂性和需求复杂性带来的问题。

华中科技大学确定了信息系统建设必须遵循"安全稳定,责任明晰;开放共享,互联互通;简洁易用、注重体验"的原则。安全稳定是指各单位在建设信息系统时必须将其信息安全放在首要位置,信息安全与信息系统同步规划、同步建设、同步投入运行;信息系统建设和运行维护按照"谁主管谁负责、谁运维谁负责、谁使用谁负责"的原则做到流程规范、责任明晰;业务信息系统建设及集成由职能部门主导,公共服务信息系统建设主要由网络与计算中心负责。信息系统在建设时应充分考虑数据共享、减少信息的重复搜集,应与公共服务信息系统和其他业务信息系统之间互联互通,避免建成"信息孤岛"。信息系统在设计和开发时应充分考虑当前技术发展潮流,界面应简洁、易用、高效,用户体验良好。

3. 明晰责任

在高校信息系统建设过程中，学校信息化部门、信息系统建设部门以及承担系统开发的公司等各方参与。参与者复杂性与组织复杂性决定了必须明确各参与者的责任，在责任不明晰的情况下仓促开工，可能会很快完成信息系统的原型开发，但很快就会陷入各参与方之间推诿扯皮的泥淖之中。

华中科技大学明确定义了各参与方，并明确了各自责任。信息系统建设与运行维护过程中涉及的单位主要包括网络与信息化办公室、网络与计算中心、建设单位、开发单位和对接单位。建设单位是指负责建设信息系统的学校机关部处或二级单位；开发单位是指通过合法采购流程确定的具体承担信息系统开发工作的软件公司等；对接单位是指信息系统需要对接集成的系统所属单位。作为信息化建设管理部门，网络与信息化办公室主要负责审核信息系统建设与运行维护的各阶段工作，保证信息系统建设符合学校总体规划要求。作为信息化建设技术支撑部门，网络与计算中心主要负责为各信息系统统一提供测试及运行环境，对信息系统进行安全检测，对信息系统建设各阶段进行技术审核，以及提供公共服务信息系统对接及数据共享交换等技术服务。通过统一测试运维环境和安全检测，既减轻了信息系统建设单位的负担又能够切实保证系统建设质量和上线后的安全。建设单位在系统建设阶段主要负责监督及配合开发单位完成需求调研、系统设计及系统开发工作，对相关文档进行初步审核并负责完成系统功能测试及初步验收工作；在运维阶段主要负责信息系统的故障申告受理、咨询和建议，协同开发单位、网络与计算中心及对接单位进行故障处理。此外，建设单位还负责系统的应用安全和数据安全，配合完成安全检测并对所发现的问题及时进行整改。开发单位主要负责信息系统的需求调研、系统设计及开发工作，配合建设单位完成系统测试、安全整改、上线试运行及运行维护工作。对接单位主要负责配合建设单位和开发单位完成系统对接集成方案编制、系统开发、对接测试及故障处理等工作。明确各方职责，有利于各方在信息系统建设运维过程中对照各自职责完成任务，有利于解决和处理建设过程中出现的各种问题。

4. 明确流程

信息系统建设过程中涉及大量部门内部和部门之间的办理、审批等流程，必须予以明确并以一定形式固定下来，尽量减少随意性。

华中科技大学规范并形成了信息系统建设、开发、测试、上线等流程，并在学校网上办事大厅上实现，各建设单位可轻松按照流程完成信息系统测试及运行环境申请、信息系统上线及安全检测申请、信息系统更新申请等流程，提高了工作效率，避免了由于流程不清晰而导致效率低下，耽误进程。

5．划分阶段

信息系统的建设和运维通常是一个周期较长的工作，涉及很多复杂的技术，很多工作环环相扣。为了确保整个生命周期的质量，必须根据系统的生命周期进行任务分解，将信息系统建设运维分为若干个阶段，按照阶段进行管理。

华中科技大学将信息系统的建设与运行维护分为需求分析、系统设计、系统开发、系统测试、安全检测、初步验收、上线试运行及运行维护八个阶段。

（1）需求分析。需求分析阶段主要由开发单位完成需求调研与需求分析说明书的编制，建设单位配合需求调研工作，并对需求分析说明书进行初步审核后提交网络与信息化办公室审核。

（2）系统设计。系统设计阶段主要由开发单位根据通过审核的需求分析说明书进行系统设计，编制系统设计说明书以及数据交换和共享方案、系统对接与集成方案。相关文档经建设单位初审通过后提交网络与信息化办公室审核。

（3）系统开发。系统开发阶段主要由开发单位根据经审核通过的系统设计说明书及系统对接与集成方案，按照开发计划规定的进度进行信息系统开发。建设单位按照开发计划中的时间节点要求，对开发单位的工作进行检查督促，并协调对接单位配合开发单位完成对接集成开发。

（4）系统测试。系统测试阶段主要由开发单位在测试服务器上，根据系统安装部署文档部署测试环境；建设单位依据需求、设计文档、采购时的技术参数要求并结合功能测试用例等，完成系统功能测试并形成功能测试报告；建设单位在开发单位的配合下，完成性能测试并形成性能测试报告；建设单位在对接单位的配合下，完成对系统对接测试并形成对接测试报告。

（5）安全检测。安全检测阶段主要由网络与计算中心负责依照项目立项时确定的安全保护等级及相关规定对信息系统进行技术检测。检测手段主要包括对信息系统源代码进行审计，对信息系统进行漏洞扫描以及人工渗透等。开发单位与建设单位还需根据安全检测结果进行整改。

（6）初步验收。初步验收阶段主要由建设单位负责组织本单位和网络与计算中心相关专家组成的初步验收小组对信息系统进行初步验收，听取开发单位工作报告及系统演示并对各阶段文档进行审阅，依照合同及需求分析说明书的内容,对信息系统完成情况及质量进行评价并提出意见和建议。

(7) 上线试运行。上线试运行阶段一般为 1~3 个月。建设单位必须向网络与计算中心提交系统安装部署说明、系统维护手册、系统使用手册、系统测试报告及安全检测报告等文档及系统最终版本的安装文件。试运行的系统在学校统一基础平台上进行,其操作系统、数据库等基础环境由网络与计算中心统一管理。试运行期满且情况良好的,建设单位可向网络与信息化办公室申请竣工验收。验收通过后,系统进入正式运行阶段。

(8) 运行维护。在运行维护阶段,各单位根据"定岗、定人、定责"的原则,各司其职确保运行维护工作的持续性和有效性。其中,网络与计算中心负责管理与运维系统生产环境,主要包括服务器、操作系统、中间件、数据库、文件系统及网络等;建设单位负责管理与运维信息系统,主要包括用户、权限、数据及内容等。此外,为保障信息系统服务的可用性及安全性,网络与计算中心还负责信息系统的数据备份及定期安全检测,建设单位负责对信息系统运行情况进行监控并受理和响应相关故障申告及咨询、建议。在系统发生故障时,各方按照"分级负责、协同处理、快速反应、有力保障"的原则进行故障处理。发现故障或收到故障申告后,受理单位首先对故障类型及原因进行初步判断并及时通报相关各单位,各方对自己所负责维护的部分进行认真排查并及时沟通、协同处理;故障修复后,形成故障分析及处理日志。在运行维护阶段,建设单位如果要对新系统进行更新,应该先在测试环境进行充分测试后,再向网络与计算中心提出更新申请,如果是功能性的更新还应同步更新相关系统文档。网络与计算中心在对更新部分进行安全检测并通过后,完成系统更新。

6. 保障安全

安全是信息系统的"底板"。信息系统在建设运维的各阶段都应将安全放在首位。而在"分别建设"的模式下,如何保障信息系统安全成为信息化部门面临的一个难题。

华中科技大学在信息系统建设管理过程中,通过统一的系统运维及安全检测保障信息系统安全,学校规定网络与计算中心统一为信息系统提供测试和运行环境并负责运维。信息系统除建设单位通过系统初步验收确认系统功能外,还须经网络与计算中心进行源代码审计、漏洞扫描及人工渗透等安全检测后方可上线运行。上线运行后,网络与计算中心还负责对系统进行周期性检测。所有系统的更新须先在测试环境部署并经安全检测后方可更新(具体可参考《高校信息化建设与管理——技术篇》一书的"最后的防线:信息系统上线与安全"章节相关内容)。

7.5 结　　语

高校信息系统建设并没有统一的模式和方法,各高校要根据自身情况,结合建设任务,逐步摸索出一套适合自己的信息系统建设之道,打好信息化建设中的这场关键之战。

参考文献

［1］教育部科技发展中心.高等教育信息化发展研究报告(2015)［M］.北京:清华大学出版社,2015.

8

基础数据管理

8 基础数据管理

基础数据是学校数据治理、大数据平台的核心,包括机构、人员等基本数据。下面我们将探讨基础数据管理的基本方法、机构与人员编码、学生基本信息管理等。

8.1 基础数据管理方法

随着高校信息化建设的发展,历史上由各业务管理部门主导,分散建设的信息系统已无法满足学校要求,消除信息孤岛,让数据共享、系统互通已成为师生共同的强烈诉求和高校信息化部门工作的重中之重。无论采用何种治理模式和技术架构,基础数据的管理都是一个必须面对的问题。

8.1.1 基础数据的定义和特点

高校信息化建设过程中会产生各式各样的数据,其中什么样的数据才是基础数据呢?这个问题其实在高校信息化领域尚无定论。有的高校从学校管理或高基表统计填报需求出发,认为反映学校教学、科研、学科、管理等各领域基本情况的数据是基础数据;有的高校以教育部 2012 年颁布的教育管理信息系列标准中的相关代码和数据集作为学校基础数据标准。不过,不管大家对基础数据的范围或标准的定义有怎样的差异,一个普遍存在的共识是,高校基础数据存在以下特点。

1. 数据类型复杂多样

高校的复杂程度不亚于社会,涉及管理、教学、科研、生产、生活等方方面面,随着各个方面信息化建设的发展,其产生的数据类别的复杂程度也可想而知。

2. 各部门数据既高度依存又相对独立

数据是由业务产生的,一方面,高校职能部门在进行信息化建设过程中几乎不可能去考虑其他部门的需求,甚至大的职能部门内部,能做到基础数据的标准、结构等的统一也并非易事。然而,另一方面各职能部门之间的数据依存关系又非常紧密和复杂。例如,几乎所有的职能部门都会用到学生的个人、学籍基础等信息,而学生的基础信息很有可能又分属几个部门管理产生。

3. 一数多源情况普遍存在

由于历史、管理职能交叉重叠等复杂原因,高校基础数据普遍存在权威数据源不明的情况。往往会出现领导要一个简单的全校学生总量数据,而教学、学工等部门拿出的数据有差异的情况。

4. 数据共享和交换需求强烈

随着信息化建设的进一步发展,由原来根据管理职责条块分割的数据产生和交换模式已远远不能适应互联网时代的要求,各部门都开始意识到数据共享和交换的重要性,需求日益强烈。

8.1.2 基础数据管理的主要问题及应对

与其他所有事物相同,数据也有其生命周期,一般可分为采集(生产)、存储、处理、传输、交换及删除(销毁),特定数据的生命周期由其实际业务场景决定,并不一定所有数据都经历上述完整的周期。基础数据的管理,就是要基于其生命周期特点,解决好以下几个问题。

1. 基础数据从哪里来

数据都是由相关部门在各项实践活动中采集的,使用信息系统的目的,其实是提高采集、存储和处理的效率。要解决好"从哪里来"的问题,必须首先根据"谁产生、谁负责"的原则,确定权威数据源,避免"一数多源""有数无源""有源无数"的问题。权威数据源的确定,是基础数据管理的第一步,也是学校信息化部门责无旁贷的责任。当然,权威数据源的确定必然是一个动态的而非静态的过程,既要适应学校管理的机构划分和变革,又要实事求是地确定真正"有能力产生、有意愿负责"的数据源管理部门。此外,确定权威数据源不能只是一个划分责任的过程,在把责任交给相关部门的同时,也要尊重其对数据的所有权利,例如数据共享的审批权等。这样权责对等的管理,才能真正得到各部门的理解和支持。

2. 基础数据怎么来

站在学校信息化部门的角度,基础数据必须进行共享和交换才可能打破信息孤岛。建设一个学校基础数据库(中心数据库),已成为绝大多数学校信息化部门的共识与职责。但从数据的生命周期来看,基础数据库中的所有数据的采集(生产)过程都是在学校其他部门而非信息化部门。数据怎么来？它成为摆在所有学校信息化部门面前必须要解决的一个问题。有的高校信息化部门采用了自顶向下的方式,通过学校制定并颁布了非常全面和详细的基础数据结构及标准,试图建设一个大而全的学校基础数据库,要求各部门将相关数据入库;有的高校信息化部门则借用管理全校信息化基础设施的"优势",直接将学校各部门业务系统中的所有数据"抽取"到基础数据库中,试图进行展现和分析。无论是上述哪种方式,在实践过程中都鲜有成功的案例,只能说"理想很丰满、现实太骨感"。究其原因,都可以归结为没有解决好"怎么来"的问题。作为信息化部门,其优势在于掌握先进的信息化基础设施和技术手段,而其短板则在于不能很深入地理解相关业务。数据都是有业务背景的,不能很好地理解数据的业务背景,数据的整合、分析、展现就无从谈起。如果对数据采用"抢来""偷来"的方式,必定很难得到各职能部门的主动配合,要管好基础数据,基本上是天方夜谭了。所以,基础数据的获得一定要征得权威数据源部门的同意,其范围也必须有理有据,不能抱着"越多越好"的思想随意扩大。

3. 基础数据到哪里去

要实现基础数据的共享和交换,需要面对的另一个问题是数据到哪里去？答案似乎显而易见,应该是学校的其他部门。但"怎么去？去什么？"却是学校信息化部门在这个过程中需要解决好的问题。究其根源,其实是要解决谁申请、谁审核、谁操作的问题。一个较好的解决方案是,由需要共享的部门申请,数据源负责部门同意,学校信息化管理部门审核,学校信息化技术部门负责使用技术手段操作。而且,当同一项基础数据被不同部门提出共享需求时,也应采用"一事一议"的审核方式。这样既尊重了数据源负责部门对于数据共享和使用的知情权、审批权,又由学校信息化管理部门站在全校信息化建设的全局角度,对数据共享中的范围风险进行了把关。

4. 基础数据怎么用

基础数据管理中要解决的最后一个问题就是如何使用。在使用过程中,一定要避免"泛化"和"随意"的倾向,掌握好"最少够用"的原则。基础数据的泛化、随意使用一方面会带来极大的安全风险,另一方面也会影响数据源负责部门的积极性,从而使得信息化部门在推进基础数据建设和管理过程中举步维艰。所以,作为学校基础数据库的建设管理单位,信息化部门一定要在基础数据的共享和使用上慎之又慎,谨记自己只是"数据的搬运工"而非"数据的生产者"。

8.1.3 华中科技大学基础数据管理实践

为解决好学校基础数据管理问题,华中科技大学在"十三五"信息化规划中的"十个一"工程中明确提出建设"数据一个库",并于 2016 年 5 月制定并颁布了《基础数据库建设与使用管理办法》(以下简称办法,详见《高校信息化建设与管理——制度篇》一书)。

该办法对基础数据和基础数据库进行了明确定义:"基础数据是指学校各单位在管理和服务信息化过程中产生的,具有确定的权威来源,且可被其他业务信息系统或公共信息系统使用的数据。""基础数据库是学校基础数据的集合,通过统一数据交换与共享平台,实现数据共享和一致性管理,是学校重要的信息化基础资源。"上述定义明确了基础数据范围以共享为基础,这样就实事求是地反映了学校信息化建设的阶段特点,有效地杜绝了在基础数据库建设过程中的泛化,避免学校信息化部门盲目追求"大而全"的建设目标而导致的失败风险。

在基础数据具体范围方面,办法规定了"基础数据主要包括组织机构、人事、学生、财务、资产、教学、科研、网络、总务、后勤等管理和服务数据。基础数据范围根据基础数据库建设进度和信息化工作需要逐步扩展,具体由网络与信息化办公室确定。"这样既明确了基础数据的具体内容,又从制度上尊重了基础数据的动态性和基础数据库建设的阶段性,为未来的发展保留了空间。

在权威数据源认定方面,办法规定了"网络与信息化办公室根据业务归属情况,负责确定基础数据的权威来源,明确其产生和维护部门",并在办法中对各类基础数据的内容及责任部门进行了明确的规定。有了权威源负责部门和权威源的认定部门,基础数据的来源和质量才有了基本的保障,即"问渠那得清如许,为有源活水来"。

在数据共享和使用方面,办法规定了"基础数据使用单位根据业务系统需求,在严格遵循'最少够用'原则下,提出数据共享申请并提供接收数据的中间库。在经数据源产生单位审批同意后,由网络与计算中心运用数据同步工具,将共享数据推送至中间库,并由使用单位完成中间库到业务库的同步。基础数据库的同步操作仅限于校内进行,中间库必须与业务库之间逻辑隔离,不得使用校外服务器作为中间库。基础数据使用单位只能将获取的共享数据用于经数据源产生单位审批指定的业务信息系统,不得私自扩大使用范围或作为他用。"这样既明确提出了"最少够用"的使用原则,又规定了数据的使用必须经过数据源产生部门审批同意,同时,还对信息化部门共享数据的技术手段进行了详细规定。

此外,该办法还对数据安全及保护等基础数据共享过程中可能会涉及的风险应对办法进行了详细规定。办法实施以来,有效地保障了学校基础数据的共享和交换,消灭了信息孤岛。

8.2 机构与人员编码

高校的机构与人员数据是数据共享中频度最高的数据,二者的编码也是高校信息化中最重要和最基础的工作,好的编码方法对于顺利推进学校信息化工作具有良好的促进作用。如何设计科学且符合学校实际情况的编码,以及如何推广,也经常困扰着高校信息化工作人员。

8.2.1 编码的必要性

数据编码是计算机处理的关键。不同的信息记录应当采用不同的编码,一个码点可以代表一条信息记录。由于计算机要处理的数据信息十分庞杂,有些数据库所代表的含义又使人难以记忆。为了便于使用,易于记忆,常常要对加工处理的对象进行编码,用一个编码代表一条信息或一串数据[1]。

1. 便于数据存储和检索

对数据进行编码在计算机的管理中非常重要,可以方便地进行信息分类、校核、合计、检索等操作。人们可以利用编码来识别每一个记录,区别处理方法,进行分类和校核,从而克服项目参差不齐的缺点,节省存储空间,提高处理速度[1]。

2. 符合数据库设计规范

根据关系数据库的设计规范要求,为了减少数据存储的冗余,应尽量使用较高的范式,一般来说,至少应使用第三范式。较高的范式要求,就是减弱非主属性对主属性的依赖性,而这必须通过对非属性进行编码来实现。

3. 方便数据共享

在高校信息化建设初期,大家关注的是各个独立的管理信息系统,如教务系统、财务系统、人事系统、学工系统等,系统之间对数据的共享与交换的需求较低,要求建设信息标准的呼声也没有那么高,所以就出现了不同业务信息系统存在不同的编码规范,不同信息编码标准并存(各业务信息系统自成标准)的情况,这成了后来实现各信息系统之间互联互通的障碍。

随着高校信息化发展,存储各类数据的信息系统越来越多,信息系统之间的数据共享与交换的需求也越来越多,而规范、统一的数据结构是数据流通和共享的关键,这就意味着必须要建立科学、规范的信息编码体系。

8.2.2　编码原则

编码工作通常是代码管理机构根据规则,按照字母或数字排列产生的顺序编号。机构代码或人员编号只是作为机构或人员的识别标识,本身没有任何含义。为了实现对信息主体的准确识别,必须对管理对象提供一个具有唯一性、永久性的标识代码,避免出现张冠李戴的情况。编码需要遵循以下原则。

1. 唯一性

规范性和唯一性是编码工作的基本要求,其重要性怎么强调都不为过。每一个编码对象,只能赋予它一个代码,每个代码只能表示一个唯一的编码对象[2]。

2. 稳定性

代码的编制要有稳定性,不应随意更改。例如,在信息化初期,有的学校的学生学号在大学期间因转专业、留级等原因可以更改,但学号是很多信息系统中数据库的表的关键字,学号更改后给信息系统运行带来很大麻烦,甚至引起错误。

3. 可扩展性

编码方案一定要满足全局、长远的使用要求,不能只满足局部的、眼前的使用要求。制定编码方案时要充分考虑未来的发展,预见可能发生的变化(例如院系合并、机构整合、临时来校人员管理等),预留足够的备用码[3],避免以后频繁的更新造成信息交换的风险和隐患。

4. 简洁性

编码应尽可能简洁,不应加入一些人工辨识的信息。例如,在学号或教职工号中加入了院系等单位信息,虽然为人工辨识某个教职工或学生属于哪个院系提供了便利,但一旦出现人员转专业或调换工作部门,根据稳定性的原则,一旦编定不能随意改变,则标识单位的这段信息就出现不准确的情况,失去了该段标识的意义,甚至引起误解。人员的单位信息应该在数据库的表中增加"单位代码"属性来体现。

5. 扰动最小

在做新的编码时,还要尽可能考虑与旧编码的兼容性,遵从"扰动最小"原则。

8.2.3 编码工作思路

编码工作是动态发展的长期过程,需要学校各部门的配合,更需要科学、规范的制度和后续的维护机制,进而保障编码标准能按要求长效实施。

1. 建立体制与机制

学校信息系统使用的各类编码较多,需要建立良好的编码体制和机制,确定一个总牵头部门来负责编码的协调及制定工作,或为每类编码确定一个牵头部门,由牵头部门出台编码相关的规章制度,明确编码的基本原则和发布流程,制定编码推广应用的方案和计划。

2. 充分调研

编码涉及面广,必须充分调研,了解编码所涉及哪些信息系统,现行编码存在的主要问题,需求单位或信息系统对新编码的希望和要求,新旧编码如何过渡和切换,等等,尽最大可能达成共识,只有这样制定出的新编码才容易推广应用,具有更为长久的生命力。

3. 尊重历史和现实

为保证信息系统的正常运行和新编码的顺利应用,必须尊重历史和现实情况,应尽量在现有编码的基础上进行扩展和创新,避免完全"推倒重来",从而增加推广和替换的成本。如果原来的编码实在无法适应新的形势,或者原来的编码存在理念错误等,则应该摒弃,重新编制新的编码。

4. 坚持原则

编码的过程中应尊重编码管理的科学性,例如,不能过分强调代码的描述性能而牺牲代码的标识功能[2]。代码中应尽量少包含一些有意义的字段,例如,上面提到的有些部门或人员希望在教工号或学号中增加标识"院系"的信息,不符合编码科学性,应坚持原则,不予采纳。

8.2.4 编码方法

通常,编码方案中采用"层级"和"分段"较为普遍。以下以机构编码和人员编码为例介绍编码的常用方法。

1. 机构编码

分段编码。机构代码编码 $X_1X_2X_3X_4X_5$ 可以按机构业务类别分段编码,例如,X_1 为 0 代表管理机构,为 1 代表教学机构,为 2 代表科研机构,以此类推,按照机构类型分段进行编码。

层次编码。可以按机构层级分段(如,X_1 代表机构的层级,X_2 代表机构的业务类别),还可以按号段分段编码,例如,自 001 开始,预留若干连续代码为一级单位组织机构代码;其后的若干连续代码为第二级单位的组织机构号段;以此类推。各级(各类)机构在相应号段内顺序编码。

2. 人员编码

由于人员编码涉及人员类别,种类繁多,所以和机构编码相比较,人员编码更为复杂,但也应该坚持简洁够用原则。编码长度并非越长越好,代码中应尽量少包含一些有意义的字段。通常,人员编码采用分段、分层的方式进行。

对于学生编码,通常采用统一的学生编码结构 $C_1Y_1Y_2Y_3Y_4N_1N_2N_3N_4N_5$,即 10 位数,第 1 位为学生类别代码,为 1 位英文字母,第 2~5 位为入学年份,第 6~10 位为流水号,为 5 位阿拉伯数字。学生编码规则如表 8.1 所示。

表 8.1 学生编码示例

第 1 位 (学生类别代码)	第 2~5 位 (入学年份)	第 6~10 位 (流水号)
C_1	$Y_1Y_2Y_3Y_4$	$N_1N_2N_3N_4N_5$

对于教工编码,通常在编码中采用人员属性码,编码长度与学生编码保持一致,即 10 位数,由三部分组成,第一部分(4 位)为入职年份码,第二部分(1 位)为人员属性码(如 0 为固定制,1 为合同制,2 为人事代理等),第三部分(1 位)为校区代码,第四部分(4 位)为当年的流水号。教工编码规则如表 8.2 所示。

表 8.2　教职工号编码示例

第 1~4 位 (入职年份码)	第 5 位 (人员属性码)	第 6 位 (校区代码)	第 7~10 位 (流水号)
$Y_1 Y_2 Y_3 Y_4$	C_1	C_2	$N_1 N_2 N_3 N_4$

8.2.5　华中科技大学机构与人员编码

1. 组织机构编码

尊重历史,适当革新。2017 年之前,华中科技大学一级编码采用了 3 位数字或大写拉丁字母表示,形式为 $X_1 X_2 X_3$,即学校组织机构代码管理部门核准的三位数机构代码并采用号段制,例如:001~499,用于主校区的学院(系、所);510~559,用于同济校区的学院(系、所);501~509、701~729,用于直属单位、附属单位等;601~679,用于校机关部处。

2017 年,为了满足了不断增长的机构设置编码需求以及编码标准和管理的需求,按照"扰动最小"原则,新的机构编码方案在尊重既有编码的基础上,增加了 2 位单位属性码,变成了 5 位编码。方案中规定:三级机构代码码长为 8 位,表示形式为 $X_1 X_2 X_3 X_4 X_5 N_1 N_2 N_3$,其中,X 为数字或大写英文字母,N 为数字。$X_1 X_2 X_3 X_4 X_5$ 为该三级机构所属的二级机构代码,$N_1 N_2 N_3$ 为三级机构流水号。

同时,为便于管理,新的机构编码规则对三级机构进行分区段编码。例如:$X_1 X_2 X_3 X_4 X_5 001$ ~ $X_1 X_2 X_3 X_4 X_5 099$,用于管理、服务类机构;$X_1 X_2 X_3 X_4 X_5 101$ ~ $X_1 X_2 X_3 X_4 X_5 999$,用于教学、科研、医疗类机构。

新的编码规则既满足了实际需求,也统一了编码标准。同时,为理顺编码管理体制,将机构编码工作及维护职责划归到组织机构代码归口管理部门——机构编制委员会办公室。

2. 人员编码

人员编码工作需要归类、梳理编码对象,并结合学校实际情况,确定负责各类人员编码和信息采集的部门。学校先后编制了人员类别代码表、学生学员类别代码表和人员类别子类代码表,制定并发布了《信息管理系统使用人员编号编码管理办法》。

例如,学生编码首先确定了学生类别代码,并明确了不同类别学生的编码部门,确定了编码构成。全校学生学员类别与编码部门如表8.3所示。

表8.3 学生学员类别与编码部门

学生学员类别	信息采集和人员编号编码管理部门
普通本科生	学生工作部门
本科交流生	教务部门
本科辅修专业学生	
各类研究生	研究生部门
高等职业教育学生	远程与继续教育部门
成人教育学生	
网络教育学生	
自学考试学生	
培训学员	
外国留学生	国际教育部门、港澳台华侨学生管理部门
港澳台学生和华侨学生	

教工编码(俗称人事编号)是教工在校内的唯一身份识别号,与学生类别相似,教职工也需要划分不同类别,并明确不同类别教职工的编码部门,如表8.4所示。

表8.4 教职员工类别与编码部门

教职员工类别	信息采集和人员编号编码管理部门
大学部教职工	人事部门
编制外用工人员	人事部门
长短期访学交流人员	人事部门、国际交流部门
附属医院职工	各附属医院
后勤产业编制外用工人员	后勤产业单位
其他暂由具体用人单位编码的编制外用工人员	医院、附属中小学等单位

除此之外,还存在许多与学校有各种业务往来人员及其他人员的编码需要,其人员类别与编码部门如表8.5所示。

表 8.5　业务相关人员及其他人员类别与编码部门

业务相关人员	信息采集和人员编号编码管理部门
科研合作人员	科研管理部门
承担有关课程教学或指导人员	教务、研究生和远程教育管理部门
使用图书馆资源人员	图书馆
使用体育场所资源人员	体育部门
来宾	校办
校友	校友会
其他人员	后勤部门等

信息编码是一个全局性的基础工作，须统筹完成，并有足够权威的管理者对编码工作进行组织协调、管理维护。在机构及人员编码的工作推进中，会不断有新的问题出现，但只要结合工作实际，遵循编码原则，不断完善管理制度，就会逐步建立一套行之有效的编码规则。编码工作的不断完善，可确保基础数据的标准与规范，增加管理的透明度，提高管理工作效率。编码的运行和维护是一项长期工作，随着学校机构的变化，业务的改变，人员的流动，编码规范也需要不断改进和完善，需要及时进行机构及人员编码类别的增删调整、持之以恒做好维护工作。

8.3　学生基本信息管理

在高校各类数据中，学生基础数据是最基础的数据之一，但学生基础数据来源复杂，变动快，管理难度大，成为很多高校信息化过程中令人头疼的问题之一。如何通过建立良好的体制机制，确定学生数据的权威来源，加强学生基本信息管理，弄准学生基本信息，对于提高学校数据治理和信息化水平具有重要作用。

8.3.1　学生基本信息定义

学生基本信息主要包括基本身份信息、学籍信息、注册信息、通讯信息、家庭信息等。基本身份信息是指学生的姓名、性别、国籍（地区）、民族、出生日期、身份证件类型、身份证件号码等表征个人身份的信息；学籍信息是指学生在学校学习期间表明其学生身份的信息,如报考招生信息、专业、层次、学制、学号、班级、入学年月、毕(结、肄)业年月及专业班级等变动记录等;注册信息是指学生在各学期向学校申请注册的记录,如注册时间、注册学期、注册状态等;通讯信息主要包括学生的家庭住址、家庭电话、校内住址、校外住址、个人电话、个人电子邮箱、紧急联系人信息等;家庭信息包括父母(监护人)姓名、身份证号、联系方式等信息,主要用于父母(监护人)个人所得税抵扣、紧急情况下联系等使用。

8.3.2 加强学生基本信息管理的意义

1. 实现精准的信息服务

为学校各部门提供有关信息服务。例如,精准的学生基本信息为高校学籍管理部门进行学信网学籍学历电子注册提供了有力保障;同时,学生基本信息也是教务管理系统、学工管理系统、统一身份认证管理系统、校园卡管理系统、学生户籍管理系统、图书管理系统、公费医疗系统、校友管理系统等学校各职能部门业务所必需的基础信息,对于保证学校各部门正常业务运行起着极其重要的作用。加强学生基本信息管理,也便于为学生个人提供教育管理及查询服务。

2. 加强信息共享和互通

对学生基本信息管理实行统一管理,提供统一的数据管理入口,避免了学生多处录入个人信息、重复填写,避免了各部门重复甚至违规采集个人信息,有助于高校建立权威的学生基础数据库。校内各单位根据需求获取、使用学生信息,多部门共享和互通正确数据,减少数据不一致性,动态把握学生基本信息,弄准学生在校信息及学籍状态,实现对学生在校期间全过程的信息化管理。

3. 提供准确的统计服务

上级部门要求提供各类学生相关报表以及学校在核算各院系办学运行经费及其他经费、资源时,凡需以学生人数为计算依据的,以权威学生基础数据库的学生人数为准。避免出现学生统计数据政出多门,每个部门可能统计出不同的结果。随着高校对权威学生基础数据库管理的加强,统计数据应更加真实准确,能够更好地服务于高校治理,符合国家教育管理部门要求。

8.3.3 学生基本信息管理

1. 学生基本信息标准化

高校应重视学生学号编码管理。有些高校各类学生学号编码由不同部门管理,可能会出现学号重码现象,有些学生的专业、班级变动或留级后学号也随之变更,这些做法会导致学生信息管理混乱。学校应确定学号编码的唯一管理部门或牵头管理部门,规范学生学号编码管理。

华中科技大学自 2007 年开始规范各类学生学号编码管理,2017 年进一步出台《信息管理系统使用人员编号编码管理办法》,包括在学校学习、生活的各类人员,承担学校教学、科研、管理、服务任务的人员,应邀来校访问参观的人员,校友等,均拥有 1 个由 10 位字母或数字构成的人员编号。

2. 学生信息初始化

新生信息在学校各部门正式使用之前,有一项准备工作要做,就是要把所需的各种新生基础数据整理好,一次性录入学校学生基础数据库,完成分班和学号编制,这项工作称为学生信息初始化。

华中科技大学通过设计一个信息系统(学生注册及基本信息管理系统,以下简称注册系统)来完成学生信息初始化。

每年招生工作结束后,招生工作人员从注册系统下载相应学生类别的新生数据模板,按照教育部和学校相关标准,对新生名单进行整理,将标准化之后的新生名单上传到注册系统,并由招办负责人对上传的新生数据进行审核。注册系统同时提供上传数据的检测功能,保证数据准确性。

新生数据上传之后,各院系在注册系统中对所属新生进行分班和学号编制。注册系统同时提供自动分班和手动分班,既可以根据学生的性别、生源地、政治面貌等信息将学生自动分配到各班中去,又对有特殊分班需求的院系提供手动分班。分班结束后,注册系统按照《信息管理系统使用人员编号编码管理办法》对各类新生进行学号预分配,各院系既可以选择预设的学号排序规则,也可以根据需求自定义学号排序规则编制学号。分班和学号编制结果经由院系、主管部门两级审核后生效。

3. 学生基本身份信息变更

在学生信息中,其身份信息是最基本的信息,主要指姓名、性别、民族、出生日期、身份证件号码等个人身份信息。鉴于身份信息与招生录取、户口、身份证、学籍、毕业证、学位证以及学信网等关系十分密切,如果出现错误或管理不严格,会带来严重后果,因此,必须进行严格规范管理。

学生的基本身份信息一般来自招生考试信息,教育部《普通高等学校学生学籍学历电子注册办法》对学生变更有关身份信息有明确要求:"学生在校期间修改或变更身份信息的,由学生本人提供合法性证明,学校或省级教育行政部门审核确认后更改,学信网保留更改前的信息。学生要求修改、变更的信息或证明材料涉嫌弄虚作假的不予受理。"[4]

华中科技大学根据教育部的有关规定,制定了《学生基本身份信息变更管理办法》,明确学生申请各项基本身份信息变更的条件和办理流程。学生在注册系统提交变更申请,按要求准备基本身份信息变更的证明材料,由院系、招生部门、学籍部门进行前置审核,注册中心查询学生档案,重点查询学生档案中所记载的申请变更信息项历史记录,比对学生档案照片、学生身份证件照片和学生在校照片,形成申请变更信息项的证据链,杜绝弄虚作假、冒名顶替的可能性。学生所申请的基本身份信息变更获得省级教育主管部门审批通过后,由学籍部门负责修改学信网中的相应信息项,注册中心根据学信网信息更新注册系统信息。

注册系统记录了学生的原始信息、变更后信息、变更申请、查档记录、变更证明材料扫描件和审批文件,以保证变更记录的完整性和规范性。

8.4 学生注册管理

8.4.1 注册管理制度

教育部要求高校实施的注册管理包括新生学籍电子注册、学生学年电子注册和高等教育学历证书电子注册。以往,学生注册管理容易被片面地理解为仅指开学报到或升学登记,随着学生跨校交换、联合培养、出国交流、间断学习、硕博连读、本科直博等现象增加,每个学期进行学期注册才能反映学生的真实个人信息和自然状态。高校除了按照教育部的要求实施三种注册管理之外,还应建立校内的学生注册管理制度,而学期注册是学生身份确认的基础。

依据《中华人民共和国高等教育法》和教育部《普通高等学校学生管理规

定》[5]，华中科技大学于 2006 年制定了《学生注册管理办法》，并在 2019 年进行了修订。注册管理是学校对学生实施信息登记、在学资格认定直至毕业结业资格审核的管理，是对学生入学资格、学习资格和毕业结业资格有效性的再认定，它适用于在学校接受学历教育和非学历教育的各类全日制和非全日制学生，是加强学校学生管理的基础性工作。

注册是学生在校期间必须履行的一项登记手续，可分为入学注册和学期注册。入学注册是取得学校入学资格的新生，按学校要求和规定的期限到指定的地点办理入学报到、注册的一种手续。学期注册是后续每学期开学时，学生按学校有关要求和规定的期限进行学期登记，取得新学期学习资格的一种手续。

注册与学生身份认定挂钩、与学生权利与义务挂钩，没有按期注册的学生，不能享受《普通高等学校学生管理规定》所规定的作为学生在校期间可依法享有的权利，例如，不能参加学校教育教学计划安排的各项活动，不能使用学校提供的教育教学资源等。

8.4.2 注册管理流程

学生通过注册系统申请入学注册、学期注册，取得新学期学习资格，拥有已注册学生在校内的各项权限，学校各部门根据学生注册状态提供相关服务。

华中科技大学与学生注册工作相联系的部门涉及注册中心、财务处、学工处、教务处、研究生院、国际教育学院、远程与继续教育学院等部门，各部门负责注册相关业务。例如，注册中心负责学生个人信息核对维护、基本身份信息变更、注册状态认定及注册结果推送；财务处负责提供学费及其他费用的缴纳情况；学工处负责助学贷款手续确认、奖学金评定资格认定；教务处负责选课、课表查询、参加各类考试及报名、成绩查询的权限等等。

统一而完整的注册管理流程包括从学生申请注册到注册成功、再到获得学生所属的正常权限。注册状态与校园卡身份认证和学习资格挂钩，多个部门协同联动，启动各自的注册关联项目，保障注册学生的权限，限制未注册学生相应权限[6]。

8.4.3 华中科技大学学生注册管理实践

华中科技大学于 2006 年成立了注册中心，开展学生注册管理改革，实行学生集中注册，改变了原来多头负责的乱象，成效明显。

1. 实行注册管理改革

学校注册中心负责全校各类学生的注册工作,包括本科生、研究生、非学历教育国际学生、远程与继续教育类学生4大类22小类共13万余名在校生的注册管理。

学生向学校申请办理注册手续,应当同时具备下列条件:①入学注册,学生的入学资格应得到学校招生管理部门的认可,后续学期注册,对于接受学历教育的学生,应当拥有华中科技大学学籍,对于接受非学历教育的学生和拥有其他学校学籍在华中科技大学联合培养的学生,其培养资格应得到学校相关管理部门的认可;②在学校规定的学习期限内;③在学校规定的注册时间内;④按学校规定缴纳学费及有关费用。

《普通高等学校学生管理规定》允许不能如期注册的学生向学校申请暂缓注册。华中科技大学规定,已报到但因特殊原因不能如期注册的学生,应当履行暂缓注册手续。既为确有困难按时注册的学生提供一种缓解困难的途径,同时也强调暂缓注册不等同于注册。

在推行学生注册管理改革过程中,充分保障学生权益,规范学校管理,对无正当事由未按学校规定注册的学生,取消当学期学习资格、其校园卡学生身份识别功能中止,情节严重的,由学籍管理部门予以退学处理。

2. 建设注册管理系统

注册管理系统是落实注册管理制度和注册管理流程的重要载体。华中科技大学注册管理系统为学生提供多种形式的注册功能,包括PC注册、微信注册、校园卡注册、委托所属院系代为申请注册等方式,学生通过注册管理系统方便地核对基本身份信息、学籍信息,完善个人通讯信息。注册系统每日定时自动检测未注册、暂缓注册到期、休学期满复学等情况,更新其注册状态,添加自动邮件提醒学生申请注册。注册系统针对学生的各客户端界面应采取中英文对照,增强全英语国际学生的注册体验。注册系统应与学校财务系统进行数据同步,定时获取学生缴费记录数据,以作为注册的重要依据之一。

3. 建立学生基础数据库

华中科技大学通过建立学校学生基础数据库,统筹管理全校学生信息,包括本科生、研究生、国际学生、培训教育等各类接受学历教育和非学历教育的学生学员。学校学生基础数据库包含了全校各类学生的身份信息、学籍信息、学习记录、通讯信息等。在汇集并管理学生信息方面,要点如下。①重视学生学号编码管理工作。确定学号编码(和学生信息管理)的唯一部门,规范学生学号编码管理。②改进学生数据信息共享方式。完善新生信息初始化工作,确定权威基础数据库,使各职能部门信息系统方便地从学校基础数据库获得准确的学生基本信息。③严格基本身份信息变更管理。对身份信息的变更管理,应有严格审核流程,规范管理。④强化学生注册管理。强化学生注册管理实质上是强化学生信息的管理,例如,结合学期注册管理,引导学生校对、更新个人信息,确保注册信息的准确性、有效性和权威性。

通过多年积累实践,华中科技大学做到了科学管理全校各类学生从入学到毕业离校全过程的所有数据,提高了学生数据信息的精确性和实时性。

4. 开展学生基本信息共享

新生数据经过注册系统初始化,在学生注册环节完成基本信息扩展,继而产生更加完整的学生基本信息,为学生基本信息共享提供了基础。学生基本信息共享的内容主要有以下几个方面。

(1) 基本身份信息:姓名、性别、国籍(地区)、民族、出生日期、身份证件类型、身份证件号码、照片、国籍。

(2) 学籍信息:院系、专业、班级、层次、学制、入学年月、学籍状态、专业班级等变动记录。

(3) 注册信息:学号、姓名、学期号、注册状态、注册时间、注册人 ID。

(4) 通讯信息:家庭住址、家庭电话、校内住址、校外住址、个人电话、个人电子邮箱;父亲姓名、父亲身份证类型、父亲身份证号码、父亲工作单位、父亲移动电话;母亲姓名、母亲身份证类型、母亲身份证号码、母亲工作单位、母亲移动电话;紧急联系人、紧急联系人称谓、紧急电子信箱、紧急邮政编码、紧急通信地址、紧急联系电话。

(5) 缴费信息:缴费年度、缴费时间、缴费项目、应缴金额、退费金额、减免金额、实缴金额、住宿信息。

以往,学生基本信息在各个业务数据库之间导入导出,现在,注册系统通过学校学生基础数据库同学校各业务信息系统之间的交互式数据共享,为学校职能部门进行学生管理提供数据支持。注册系统把学生基本信息同步到学校基础数据库,学校各部门业务系统与学校基础数据库对接,形成跨部门、跨业务、跨系统共享学生基本信息。

学校统一身份认证系统获取了学生基本信息后,学生用一个账号即可登录学校所有信息系统,大大提高了安全性;迎新系统获取了学生基本信息后,新生在家即可完成新生报到、宿舍选择、学费缴纳等事项;校园卡系统获取了学生基本信息后,即可预制新生校园卡,新生能第一时间拿到学生卡就餐,刷卡进入宿舍;教务处系统、研究生院系统获取了新生基本信息后也可以进行学生的排课、选课、生成课表等教学工作。学生学籍异动的信息由学籍部门在各自系统操作后,通过学校学生基础数据共享到其他系统中,各系统学籍信息与学籍部门保持一致。

根据不同业务对于数据实时性的要求不同来设定数据共享同步时间。例如,学校学生基础数据库与教务处系统、研究生院系统学籍变动之间的共享频率可按每小时同步一次;学生基础数据库与财务缴费系统、注册系统之间的共享频率可按实时同步或每5分钟同步一次,若同步时间间隔较长,会出现学生完成了缴费,但数据还没有同步回基础数据库,学生在注册系统仍是"未缴费"状态,导致其在注册系统中无法注册。

华中科技大学以严格学生注册管理为手段,动态核准了在籍学生人数,有效地促进了学费收缴,使财务管理、学籍管理、教务管理、学生管理等各部门之间建立起了有机联系,堵住了管理漏洞。

学生基本信息是高校最重要的基础数据之一,是高校信息化管理的重要组成部分。应根据上级要求,结合学校实际情况,不断改进管理方式,不要让其成为信息化管理的"堵点"或"短板"。

8.5 结　　语

数据只有"通起来"才能"用起来",进而"准起来",而"用起来"和"准起来"则又是相互作用的。基础数据管理的终极目标,应该是让准确的数据成为学校重要的资产,为学校发展决策提供有力支撑。基础数据管理是一个动态的过程,在不同的信息化建设发展阶段都会面临不同的问题,要适应不同的需求。不过,只要始终坚持实事求是的发展理念,相信各位同仁都能够探索出一条适应学校实际和信息化建设发展阶段特点的康庄大道。

参考文献

[1] 郝兴伟.计算机网络原理、技术与开发[M].北京:高教出版社,2007.

[2] 胡智锋.高校信息标准及其编码编制研究[J].信息通讯,2016(3):122-123.

[3] 宣刚,顾维青.教学管理信息化编码设计分析[J].网络财富,2010(7):48-49.

[4] 教育部.教育部关于印发《高等学校学生学籍学历电子注册办法》的通知[EB/OL]. http://old.moe.gov.cn/publicfiles/business/htmlfiles/moe/s3263/201408/174309.html.

[5] 教育部.普通高等学校学生管理规定[EB/OL]. http://www.moe.edu.cn/srcsite/A02/s5911/moe_621/201702/t20170216_296385.html.

[6] 罗蔚.高校学生注册系统流程再造与设计[J].中国教育信息化,2018(18):85-88.

9

网络安全管理

9 网络安全管理

习近平总书记在2016年4月19日主持召开的网络安全和信息化工作座谈会上强调:"网络安全和信息化是相辅相成的。安全是发展的前提,发展是安全的保障,安全和发展要同步推进。"[1]高校信息化部门在推进信息化建设发展工作的同时,必须重视网络安全这个"底板",保障好校园网络及信息系统安全。如何在实际工作中落实好总书记"同步推进"的要求,将"统一谋划、统一部署、统一推进、统一实施"落到实处,是做好高校网络安全工作的关键。本章我们将通过对网络安全管理中常见问题及应对策略分析,并结合华中科技大学近年来网络安全管理实践探索,介绍一种适用于高校信息化建设实际的基于闭环的网络安全管理方法,希望能为各高校从事网络安全工作管理的同仁提供一些思路。

9.1 网络安全形势分析

习近平总书记指出:"从世界范围看,网络安全威胁和风险日益突出,并日益向政治、经济、文化、社会、生态、国防等领域传导渗透。特别是国家关键信息基础设施面临较大风险隐患,网络安全防控能力薄弱,难以有效应对国家级、有组织的高强度网络攻击。这对世界各国都是一个难题,我们当然也不例外"[1]。

由世界经济论坛(World Economic Forum)发布的《2020年全球风险报告》指出,旨在破坏运营和基础设施或者窃取数据/金钱的网络攻击风险将在2020年进一步加剧。而在对未来十年风险展望的部分,无论按照发生可能性还是影响力排列,网络安全都成为科技类唯一进入前十位的风险[2],如图9.1所示。

国家互联网应急中心2020年4月发布的《2019年我国互联网网络安全态势综述》显示,2019年我国云计算、大数据、物联网、工业互联网、人工智能等新技术新应用大规模发展,网络安全风险融合叠加并快速演变。互联网技术应用不断模糊物理世界和虚拟世界界限,对整个经济社会发展的融合、渗透、驱动作用日益明显,带来的风险挑战也不断增大,网络空间威胁和风险日益增多。比较突出的问题表现在DDoS攻击高发频发且攻击组织性与目的性更加凸显;APT攻击逐步向各重要行业领域渗透,在重大活动和敏感时期更加猖獗;事件型漏洞和高危零日漏洞数量上升,信息系统面临的漏洞威胁形势更加

按**发生可能性**排列的前十大风险	按**影响力**排列的前十大风险	风险分类
1 极端天气	1 气候问题应对失败	◆ 经济
2 气候问题应对失败	2 大规模杀伤性武器	
3 自然灾害	3 生物多样性丧失	◆ 环境
4 生物多样性丧失	4 极端天气	
5 人为环境灾难	5 水资源危机	◆ 地缘政治
6 数据欺诈或被窃	6 信息基础设施故障	
7 网络攻击	7 自然灾害	◆ 社会
8 水资源危机	8 网络攻击	
9 全球治理失败	9 人为环境灾难	◆ 科技
10 资产泡沫	10 传染病	

图 9.1　未来十年风险展望（2020）[2]

严峻；数据安全防护意识依然薄弱，大规模数据泄露事件更加频发；"灰色"应用程序大量出现，针对重要行业安全威胁更加明显；网络黑产活动专业化、自动化程度不断提升，技术对抗更加激烈；工业控制系统产品安全问题依然突出，新技术应用带来新安全隐患更加严峻[3]。

近几年高校信息化蓬勃发展，教育信息化从以数字化、网络化为主要技术特征的 1.0 阶段已开始逐步转型升级为以大数据、智能化为主的 2.0 阶段[4]，信息技术将全方位渗透到高校核心业务中。与此同时，计算机病毒、木马蠕虫的大量传播、横跨全球的网络攻击、信息泄露导致的各种诈骗、钓鱼式邮件或欺诈邮件等网络安全事件频发，使得高校信息化建设与网络安全面临更加严峻的挑战。

党的十八大以来，以习近平同志为核心的党中央高度重视网络安全工作，不断推进理论创新和实践创新，形成了习近平总书记关于网络强国的重要思想，我国网络安全工作取得历史性成就，凝聚了全社会共同努力的网络安全防线正在高高筑起[5]。

"没有网络安全就没有国家安全。""网络安全和信息化是一体之两翼、驱动之双轮。"习近平总书记高屋建瓴地为网络安全工作指明了方向。以总体国家安全观为指导，国家不断完善网络安全工作的顶层设计和总体布局。2017年 6 月 1 日，《中华人民共和国网络安全法》正式施行，网络空间不再是"法外之地"。2020 年 4 月 27 日，《网络安全审查办法》正式颁布，开启我国网络安全审查的新篇章。在教育领域，教育部于 2019 年正式制定出台党委（党组）网络安全责任制评价考核办法，旨在建立常态化的网络安全保障机制。各高校也纷纷成立了学校一把手挂帅的网络安全与信息化领导小组,统筹学校的网络安全和信息化建设工作。

9.2 网络安全与网络安全管理

网络安全是指网络系统的硬件、软件及其系统中的数据受到保护,不因偶然的或者恶意的原因而遭受到破坏、更改、泄露,系统连续可靠正常地运行,网络服务不中断[6]。

网络安全管理并没有确定的定义,参照安全管理[7](Safety Management)的概念,可以将网络安全管理定义为实现网络安全的目标而进行的有关决策、计划、组织和控制等方面的活动。计算机网络是人们通过现代信息技术手段了解社会、获取信息的重要手段和途径。网络安全管理主要运用现代安全管理的原理、方法和手段,分析和研究各种不安全因素,从技术上、组织上和管理上采取有力的措施,解决和消除各种不安全因素,防止网络安全事故的发生。网络安全管理是人们能够安全上网、绿色上网、健康上网的根本保证[8]。这里重点讨论高校范围内的网络安全管理。

网络安全三分靠技术、七分靠管理[9]。有效的网络安全管理可以在一定程度上弥补技术上的不足。高校网络安全管理中存在很多共性的问题,比如网络安全制度建设不健全、Web 安全难以保障、缺乏有效的网络安全管理技术和管理工具、缺少网络人才或人才流失严重等。下面结合实际工作经验,选取校园网络安全管理工作中遇到的四个常见问题,分别从问题描述、应对方法和实施效果三个方面展开阐述。

9.3 网络安全管理常见问题解决方法

9.3.1 常见问题一:管理无依据

1. 问题描述

"为什么我的网站(信息系统)访问不了外网?""你凭什么断我的网?这已

经严重影响我的正常教学和科研工作了,我要投诉你!"相信这是网络安全一线工作者们都经历过类似的投诉。在高校网络安全建设的起步阶段,大家对安全漏洞整改、限制网站互联网访问等并不理解,也觉得没有必要。"我的网站也没什么重要内容,为什么要整改?""我的系统这么多年一直用得很好,不会有什么黑客来攻击的,你们是不是太小题大做了?"

2. 应对方法

所谓没有规矩不成方圆,要将网络安全工作落到实处,还是需要以习近平总书记关于网络强国的重要思想为指导,依据《中华人民共和国网络安全法》等法律法规和上级主管部门文件,制定适合学校实际情况的网络安全管理办法并配套详细的网络安全管理流程或细则。

3. 实施效果

华中科技大学在2015年制定了《网络与信息技术安全管理办法》,从网络安全的管理体制与责任、校园网络建设、数据中心建设、应用系统建设、互联网站建设等多方面规范了网络与信息技术安全管理工作,学校网络安全管理从此"有法可依";在2016年制定并发布了《信息技术安全事件报告与处置流程》,根据上级主管部门发布的相关文件,对安全事件给出了明确的处理方法,具体内容包含安全事件等级划分与判定、安全事件的报告与处置、配套制度与问责等;在2017年制定并发布了《信息技术安全漏洞整改流程》,明确了信息技术安全漏洞的定义和等级划分,并根据安全漏洞的等级给出了相应的处置办法。相关管理制度的具体内容可参见《高校信息化建设与管理——制度篇》一书。

根据学校《信息技术安全漏洞整改流程》的要求,高危漏洞一经发现应立即采取断网措施。在实际的网络安全漏洞处理中,信息技术部门关闭网站或信息系统网络访问的操作有了文件依据,从而使得问题能够得到及时处理,避免进一步的损失。断网后,由学校信息技术部门给出技术分析报告,学校网络安全与信息化领导小组办公室根据报告向信息系统责任单位发布信息安全漏洞风险整改通知。信息系统责任单位收到整改通知后完成整改,并根据整改情况填写信息安全漏洞风险整改报告。整改报告的主要内容包括信息系统基本信息、漏洞说明、整改情况说明、整改结果及单位审核,其中单位审核需单位主要负责人签字并加盖单位公章。《信息技术安全漏洞整改流程》的制定对安全漏洞的闭环管理提供了制度保障。未来还将规划制定信息系统(网站)建设与运行维护安全技术规范、网络安全事件应急预案等相关文件,进一步健全网络安全管理制度。

9.3.2 常见问题二:网络安全意识不强

1. 问题描述

信息泄露是网络安全中的常见问题,也是大数据时代全球面临的最大安全风险之一。以 2018 年 3 月美国科技巨头 Facebook 卷入信息泄露事件为例,据《观察家报》和《纽约时报》等媒体报道,英国剑桥分析公司在未经用户同意的情况下获取并利用了 5000 万 Facebook 用户的数据信息[10]。高校也同样存在各种信息泄露的问题,包括个人账号信息泄露、身份证件信息泄露、网站(信息系统)源码泄露等。究其原因,大部分与当事人网络安全意识不强有关。为了便于记忆设置弱密码,含有个人信息或关键信息的数据文件随意上网公开,系统账号密码随意转借,师生数据随意提供给第三方公司等现象屡见不鲜。

2. 应对方法

在重要会议上定期通报网络安全事件,提高学校领导和各二级单位主要负责人对网络安全的重视程度。利用网络安全宣传周等时机,加强宣传学习《中华人民共和国网络安全法》和学校出台的网络安全相关文件,并逐层推广,引导全校师生树立正确的网络安全观。

3. 实施效果

华中科技大学每年例行召开的网络安全与信息化领导小组会议,通报当年网络安全事件已成为固定内容之一。通过对本校和其他高校活生生的网络安全案例的通报及剖析,进一步增强了领导小组成员的网络安全意识,对各二级单位负责人起到了警示作用。2017 年 5 月 26 日,《中华人民共和国网络安全法》正式实施前夕,我校专门召开了网络安全与信息化领导小组扩大会议,专题学习了《中华人民共和国网络安全法》,领导小组成员、各二级单位主要负责人和各学院分管学生工作的副书记都参加了会议,会议要求在全校范围内开展学习《中华人民共和国网络安全法》活动,推动全校师生树立正确的网络安全观,提高学校网络安全水平。"网络安全为人民,网络安全靠人民",2018 年网络安全宣传周,通过讲座、进社区、微信推送、校报发文等各种途径向广大师生宣传《中华人民共和国网络安全法》，开展网络安全知识讲座和网络安全进社区活动，普及网络安全知识，增强师生的网络安全意识。针对学校弱密码问题屡禁不止等问题，开展了消灭弱密码等多个专项整治行动，学校网络安全问题得到了很大程度的改善。

9.3.3 常见问题三：安全措施落实不到位

1. 问题描述

网络安全措施一般会带来短期内的操作麻烦，因为改变了大家原有的工作习惯，在落实过程中往往很难在初期得到师生的自觉配合，而且如果落实不好，就会出现挂着空挡踩油门的现象。例如面对以下的质疑，"入驻网站群的通知都这么久了，就是没有院系提出申请，怎么办？""我把信息系统迁入到学校数据中心，管理就很不方便啊，也不能随时想改就改了，可以不迁吗？"

2. 应对方法

人都是有惰性的，这是天性使然。既然我们不能改变天性，那么就应该想办法用制度管住人的天性，避免因惰性引起的安全问题。以重要的网络安全保障时期为契机，加强全校师生网络安全意识，出台网络安全管理措施，保障网络安全方案落地。

3. 实施效果

以华中科技大学的网站入驻网站群平台的工作为例。2016年10月，学校开始启动网站群建设工作，陆续发布了两轮敦促各单位网站入驻网站群的通知，其进展却非常缓慢，近一年时间里，学校只有不到三分之一的网站迁入了网站群平台。转机发生在2017年10月前夕，利用重要网络安全保障时期加强网络安全管理的契机，网络与信息化办公室对未按时申请入驻网站群的网站采取了强制限制互联网访问的措施，并敦促已申请的网站尽快上线。在短短一个月时间内该项工作取得了飞速的进展。截止到2018年底，全校400余个网站全部入驻网站群，无安全保障的网站（信息系统）被直接关闭或者限制互联网访问。通过网站入群，学校既加强了各类网站的统一管理和安全防护水平，又彻底摸清了学校网站的底数，杜绝了多年来屡禁不止的网站私搭乱建现象。

9.3.4　常见问题四：Web 安全无保障

1. 问题描述

高校网站和信息系统小散乱，各种问题层出不穷。"学校到底有多少网站和系统呢？每次统计总也没个准数。""这个网站被通报有高危漏洞，好像不是我们学校的，一查 IP 地址，还真是本校的，怎么没有备案信息呢？""重要活动时期网站和信息系统到底该如何管控，心里没底啊，感觉安全无保障的网站和信息系统太多了，能关就关吧！"

2. 应对方法

建立健康、统一的网站年审制度，综合采用各类技术手段，开展网站普查，定期清理校园网站和信息系统。摸清家底，理清高校信息资产，做到网络安全无死角，即便是重要的网络安全保障期，不管是要求"白名单"还是"黑名单"管理，或者开放互联网访问，都可以执行。对于有安全保障的网站和信息系统，开放互联网访问的底气也更足了。

3. 实施效果

为了摸清家底，理清信息资产，华中科技大学开展了网站和信息系统的各项梳理工作。对全校域名进行了全面清理，关停了一批不再使用的域名、未备案且不活跃的"僵尸域名"和未备案但处于活跃状态的域名；开展了"双非"（非校内 IP 地址且非学校域名）、"单非"（非校内 IP 地址或非学校域名）网站和信息系统的清理工作，要求备案主体为学校的所有网站和信息系统纳入学校统一管理，原则上禁止使用非学校 IP 地址或域名；为网站和信息系统提供运行环境（通用服务器），要求网站统一入驻学校网站群，信息系统迁入学校数据中心。学校数据中心采取分级管理的原则，做到安全防护有保障，不在学校网站群的网站和不在学校数据中心的信息系统一般采取了限制互联网访问的措施；确有需要开放互联网访问的由各单位自行负责网络安全问题，并由主要单位主要负责人签署网络安全承诺书。

华中科技大学在学校网上办事大厅上线了网站备案和域名申请、变更申请及注销申请的流程，将线下流程转换到线上完成，不仅提高了工作效率，而且大大改善了用户体验。用户可以在电脑上、手机上通过简单地几个操作就完成整个申请流程。网上办事大厅上网站(信息系统)备案与域名申请界面如图 9.2 所示。

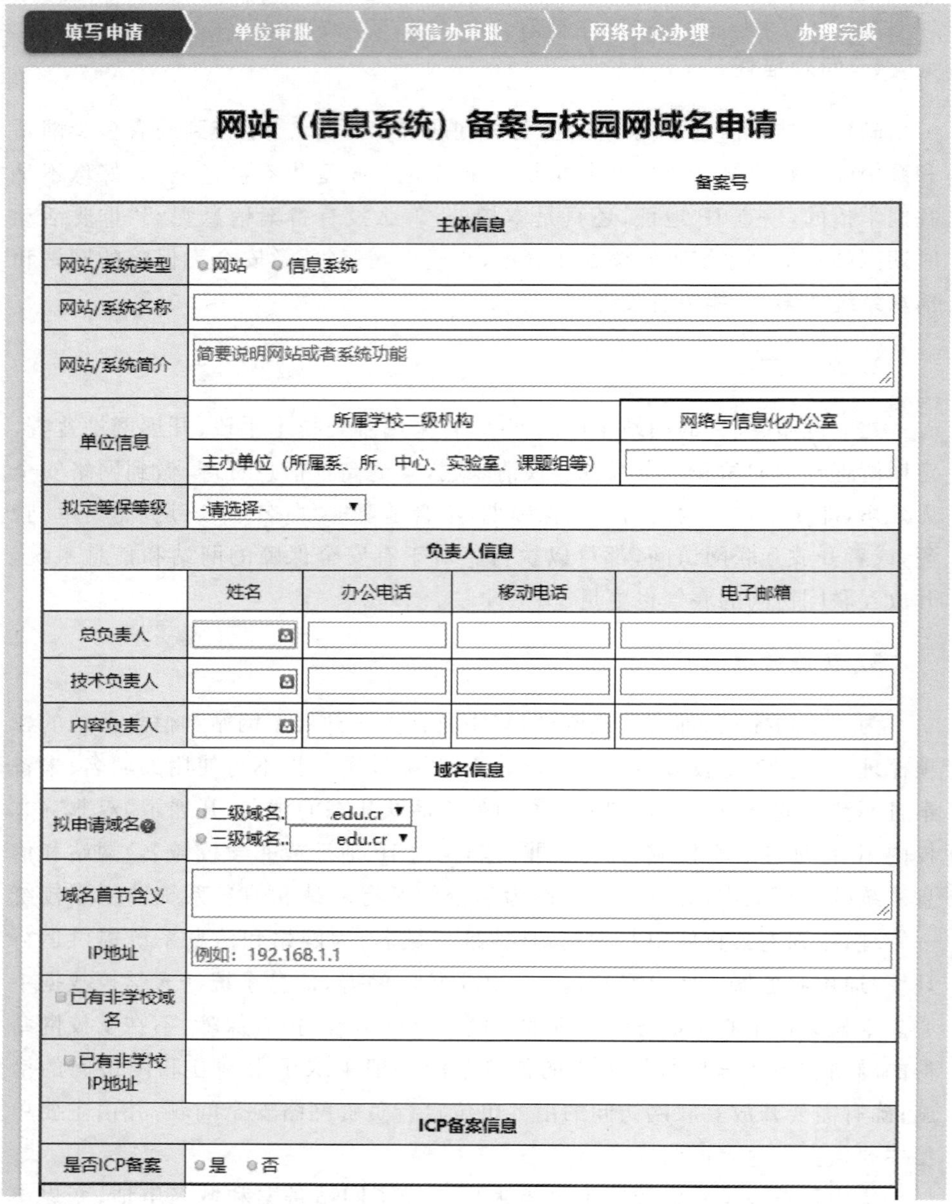

图 9.2 网上办事大厅网站备案与域名申请界面

9 网络安全管理

为加强学校网络安全管理,网络与信息化办公室建设了学校网络安全工作管理平台,主要包括网站与信息系统、风险与整改、安全事件、安全检查和报平安等功能模块。网上办事大厅上审批完成的相关备案信息也直接同步到网络安全工作管理平台中进行管理。通过网络安全平台管理还能够很清楚地记录各网站和信息系统的安全漏洞通报及整改情况,形成了对网站漏洞的闭环管理。安全平台中的风险整改流程如图 9.3 所示。

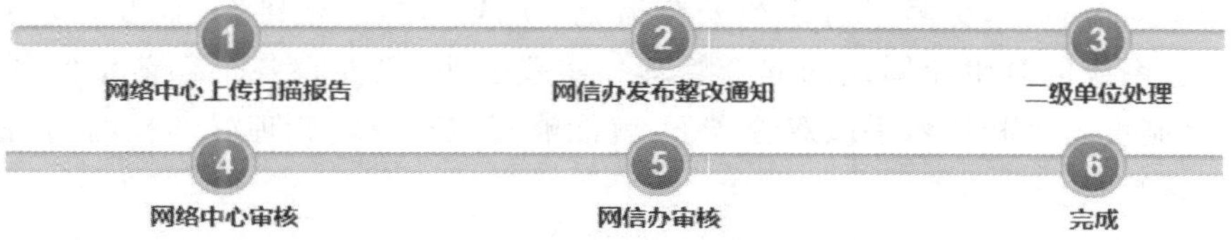

风险整改建议信息

单位信息	所属学校二级机构
	主办单位(所属系、所、中心、实验室、课题组等)
安全联络员	
安全负责人	
网站(信息系统)名称	
域名/网址	.hust.edu.cn
安全联络员办公电话	
安全负责人办公电话	
IP	
整改截止日期	2018-11-06

整改说明

附件	
整改报告	网站整改报告 pdf 下载
备注	无

图 9.3 风险整改流程示意图

通过备案与年审制度的结合,并结合信息技术的使用,学校基本摸清了家底,理清了信息资产。在 2018 年重要网络安全保障时期,学校首次实现了网站群中的所有网站和数据中心的所有信息系统全天候开放,确保了学校教学、科研和管理的业务系统正常运行。

9.4 基于闭环的网络安全管理模式

华中科技大学通过在网络安全管理的实际工作中不断探索,建立并完善了基于闭环的网络安全管理模式,如图9.4所示。该模式以管理制度为基础,落实网络安全责任,保障信息系统安全措施"规划、建设、运维"三同步,最终实现信息系统的全生命周期的安全管理。实践表明,只要将各个环节落实到位,通过制度管理和技术手段双管齐下,就能够行之有效地管理好学校的网络与信息系统安全。

图 9.4 基于闭环的网络安全管理模式

建立健全网络安全责任体系,各二级单位主要负责人每年签署网络安全责任书,强化网络安全意识;网络安全与信息化建设同步走,信息系统在论证阶段同步设计安全方案,初步确定信息系统安全保护的等级;上线前需通过代码审计、安全扫描和渗透测试三道关,将测试环境和生产环境严格区隔,对生产环境严格管理;上线后根据网络安全法律法规的要求,完成等级保护定级备案与测评整改;在信息系统运行过程中定期开展资产梳理和常态化监测扫描工作,对于发现漏洞的信息系统,采取断网措施并下发整改通知,整改完成后才能开放网络连接;一旦发生网络安全事件,按照网络安全事件处置流程,做好事前、事中和事后处理,并在后期升级建设安全相关内容,开展网络安全应急演练。整个网络安全管理过程环环相扣、预防为主、依据充分、流程清晰且职责明晰。

9.5 结　语

随着技术的发展,网络安全工作将会面临更大的挑战。现实世界中并没有绝对的网络安全,在实际工作中坚持以人为本,注重加强知识储备,关注网络安全与信息技术的前沿发展,与时俱进,提高网络安全工作人员的业务能力,不断加强网络安全管理。做好网络安全工作保持原则性当然很重要,同时也要注意方式和方法,以获得各单位网络安全与信息化管理人员的理解和支持,在工作中时刻秉持为师生服务的理念,尽可能减少对正常教学、科研和其他业务的影响。网络安全管理工作只有开始,没有结束,永远在路上。

参考文献

[1] 习近平.在网络安全和信息化工作座谈会上的讲话(2016年4月19日).光明日报. http://epaper.gmw.cn/gmrb/html/2016-04/26/nw.D110000gmrb_20160426_1-02.htm.

[2] 世界经济论坛.2020年全球风险报告. https://www.marsh.com/cn/zh/insights/research/global-risks-report-2020.html.

[3] 国家互联网应急中心.2019年我国互联网网络安全态势综述. https://www.cert.org.cn/publish/main/upload/File/2019-year.pdf.

[4] 王珠珠.智能化领跑教育信息化2.0——以抓铁有痕的精神担当起共同责任.中国教育报. http://www.edu.cn/xxh/focus/li_lun_yj/201805/t20180528_1603054.shtml.

[5] 王思北,翟永冠.共筑网络家园安全防线——党的十八大以来我国网络安全工作成就综述. http://www.xinhuanet.com/politics/2019-09/15/c_1124998491.htm.

[6] 石磊,赵慧然.网络安全与管理[M].北京:清华大学出版社,2009.

[7] 百度百科:安全管理. https://baike.baidu.com/item/％E5％AE％89％E5％85％A8％E7％AE％A1％E7％90％86/5390196?fr=aladdin#10.

[8] 百度百科:网络安全管理. https://baike.baidu.com/item/％E7％BD％91％E7％BB％9C％E5％AE％89％E5％85％A8％E7％AE％A1％E7％90％86/10273274?fr=aladdin.

［9］厦门大学信息与网络中心、中国高等教育学会教育信息化分会网络信息安全工作组.年度大家谈:新时期的网络安全——反思与重建[J/OL].中国教育网络.http://www.edu.cn/xxh/media/jsgl/wlaq/201712/t20171218_1573878.shtml.

［10］方兴东,陈帅.Facebook-剑桥事件对网络治理和新媒体规则的影响与启示[J].社会科学辑刊,2019(1):102-109.

10 应急体系建设

随着信息化的不断深入,校园网络与信息系统在学校教学、科研、管理和服务中发挥着越来越重要的作用,一旦出现网络或信息系统瘫痪,将在一定程度上影响正常的学习和工作。信息化部门应建立一套与学校实际情况相符的应急体系,并且进行经常性演练。对于网络安全隐患,应该按照习近平总书记关于安全生产的重要论述"宁可信其有,不可信其无;宁可信其大,不可信其小;宁可信其重,不可信其轻;宁可十防九空,不可失防万一",提高安全意识,落实安全责任,未雨绸缪,善于治未病。

10.1 海恩法则

德国飞机涡轮机的发明者帕布斯·海恩提出的一个在航空界关于飞行安全的法则,多被用于生产管理特别是安全管理中,这就是著名的海恩法则(Ohain's Law)。海恩法则指出:每一起严重事故的背后,必然有 29 次轻微事故和 300 起未遂先兆以及 1000 起事故隐患。法则强调了两点:一是事故的发生是量积累的结果;二是再好的技术,再完美的规章,在实际操作层面,也无法取代人自身的素质和责任心。

许多人在对安全事故的认识和态度上普遍存在一个"误区":只重视对事故本身进行总结,甚至会按照总结得出的结论"有针对性"地开展安全大检查,却往往忽视了对事故征兆和事故苗头进行排查;而那些未被发现的征兆与苗头,就会成为下一次事故的隐患,长此以往,安全事故的发生就呈现出"连锁反应"。

海恩法则对安全管理来说是一种警示,它说明任何一起事故都是有原因的,并且是有征兆的;同时它说明安全是可以控制的,安全事故是可以避免的;最后它给管理者提供了安全管理的一种方法,即发现并控制征兆。

经过多年的发展,网络与信息化已经深入到广大师生的日常教学和生活等各个方面,网络与信息系统已经成为支撑学校正常运转的重要基础。对于学校而言,学校的主页或门户已经成为学校信息公开的重要窗口,而提供网络服务的各业务信息系统已经成为广大师生办理日常事务的重要渠道。当网络或信息系统出现故障时,将直接影响教师与学生的教学、学习、科研和生活。

学校的网络与信息化应用系统日益庞大,组成日趋复杂,涉及机房、网络、操作系统、数据库系统、应用系统、数据存储、灾备系统和安全防护,等等,任何一个部分出现问题都有可能引发可用性、完整性或者保密性的破坏,从而导致故障、事故、安全问题等突发事件的发生。

网络和信息系统是一个人机交互的复杂的系统,技术手段主要是从"机"的方面考虑,忽略了"人"的方面,包括人员的管理和制度建设等;而"人"是引发网络和信息系统突发事件的一个重要因素。因此,仅仅采用技术手段应对网络与信息系统突发事件对业务的影响是远远不够的,应该从"人"和"机"两个方面认真研究应急管理和应急体系的建设,将海恩法则融入网络安全应急体系的建设之中。

10.2 应急体系与应急管理

应急体系是指应对突发事件的一系列举措,包括预防、准备、响应、恢复和重建等,目的是减少损失,控制破坏程度,以尽可能快的速度和尽可能小的代价终止紧急状态,恢复到正常状态。应急体系是要在突发事件爆发的事前、事中、事后三个阶段的全过程内,分别进行快速预警、有效控制和积极处理,以使造成的损失最小。尽管突发事件的发生具有突发性和偶然性,但突发事件的应急管理并不只限于事件发生后的应急救援行动。应急管理是对突发事件的全过程管理,贯穿于突发事件发生前、中、后的各个过程,充分体现"预防为主,常备不懈"的思想[1]。

应急管理是一个动态的过程,包括预防、准备、响应和恢复四个阶段[2]。这四个阶段可以看作是应对突发事件的四道"防线"。其中,预防的目的是降低突发事件发生的可能性,准备的目的是为应对可能发生的突发事件而提高应急能力,响应的目的是采取有效行动以限制突发事件的后果,恢复的目的是尽快使系统恢复到常态运行状态。尽管在实际情况中这些阶段往往是交叉的,但每一阶段都有自己明确的目标,而且每一阶段又是构筑在前一阶段的基础之上,因而预防、准备、响应和恢复的相互关联,构成了突发事件应急管理的循环过程。四个阶段的关系如图 10.1 所示。

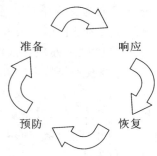

图 10.1 应急管理的四个阶段

网络与信息系统突发事件应急管理是指贯穿于整个信息系统生命周期中,通过风险防范、应急响应、应急保障,以确保网络和信息系统能够满足业务发展与连续运作的管理。我们可以通过建立应急机制、体系或措施防范网络与信息系统突发事件的发生;在网络与信息系统突发事件发生后,应急管理面对一个无法挽回的损失或灾难事件,可以通过管理手段努力减少损失或者终止事件的蔓延,使状态恢复到发生灾难事件之前。

10.3 管理全覆盖,预案强操作

海恩法则提示我们,将网络与信息化安全应急管理进行程序化,从而使整个工作过程都可以进行考量,这是积极发现安全事故征兆的前提。为此,要全面梳理网络与信息化工作,将其程序化和制度化,使得网络与信息安全应急管理,既要有切实可行的制度作为基础,还要有确保制度执行和落实的保障措施。

1. 管理覆盖从系统建设到运行的全过程

校园网络、数据中心、应用中心和互联网站等是网络与信息化工作的核心,也是安全工作的重点防护区。为做好网络与信息技术安全工作,要积极开展预防和防御工作,以防止网络攻击、信息破坏、有害程序入侵和信息化设备设施故障等发生,提高网络与信息技术安全防护能力和水平。首先,制定《网络与信息技术安全管理办法》,用于全面规范校园网络、数据中心、应用中心和互联网站从建设到运行的全过程安全管理。然后,再逐一制定各类系统的管理细则,例如《校园计算机网络管理办法》《校园计算机网络设备间建设与管理细则》《网站群建设管理办法》《教师个人主页系统建设管理办法》《基础数据库建设与使用管理办法》《统一身份认证系统建设管理办法》《统一通讯平台建设管理办法》《信息技术安全漏洞整改流程》等。总而言之,我们要规范网络与信息化系统建设和运行的全流程管理,努力做到"办事有依据,做事有流程。"

基础不牢,地动山摇,必须坚持从源头上防范化解重大安全风险,真正把问题解决在萌芽之时、成灾之前。只有在系统建设和设计阶段,就综合考虑各种可能出现的状况,提前做好冗余备份设计,才能给应急响应和应急处理留出足够的时间和空间。因此,在基础设施、基础网络和重要信息系统的建设和设计阶段,就要充分考虑抗毁性与灾难恢复。华中科技大学的核心机房动力系统采用了双回路市电＋柴油发电机的冗余配置，UPS系统采用2N冗余配置，空调系统采用2N冗余配置，核心数据中心在同济分中心建设有同城备份中心，所有核心设备全部要求配置双电源模块。

此外，还要会使用各种监控设备和工具，及时发现各类安全威胁或事件发生的迹象和趋势，分析导致各类安全事件的根源，为应急响应工作提供技术支持。我们建设了机房动力环境监控系统、数据中心监控系统、校园网运行监控系统和网站群监控系统等，用于实时收集各系统的运行数据，力争做到"早发现、早报告、早处理、早恢复"，做好预警和报警工作。

2. 应急处理预案可操作性强

学校层面的网络安全应急管理文件主要由《网络安全事件应急预案》和《信息技术安全事件报告与处置流程》组成，负责统筹协调全校的网络安全应急管理工作。而在具体执行层面，则需要制定各个应用系统的操作手册和应急处置程序及步骤，完善处理场所的标识和标牌。

例如，当遇到电力供应中断，UPS电池和柴油机不能支撑全部信息系统运行时，必须进行卸载运行，这时要启动《紧急关机预案》。这个预案的核心是卸载关机的顺序，一旦关机顺序错误，轻则设备损坏，重则会造成其他安全事故。经过认真分析服务器、存储设备、安全设备和网络设备的运行原理、系统业务流程，并经过试验验证，我们总结了信息系统关机的应急原则及步骤如下：

（1）紧急关机的先后顺序依次是服务器和存储设备、网络和安全设备。

（2）服务器和存储设备按业务重要程度依次关闭。具体顺序为先关闭4级业务系统、3级业务系统、2级业务系统和1级业务系统；然后关闭备份中心设备；接着再关闭冗余设备；最后关闭业务设备。

（3）紧急情况下立即切断机柜电源。机柜断电顺序：先切断应用系统所在机柜电源，再切断数据库系统所在机柜电源，最后切断存储机柜电源；先切断备份系统设备机柜电源，再切断次重点系统设备电源，最后切断重点系统设备和核心业务设备机柜电源。

（4）网络和安全设备按业务重要程度依次关停。具体顺序为先关停无线网设备，然后关停核心网络设备，最后关停认证服务器和DNS服务器。

市电停电也是核心机房运行中经常会碰到的，尽管在设计机房动力系统时，我们采用了双回路市电＋柴油发电机的冗余配置，UPS系统采用2N冗余配置，空调系统采用2N冗余配置，但是若停电时操作不当，也有可能出现问题。因此，值班人员必须严格按《网络机房应急动力预案》执行对应的操作。

这个预案的核心是必须保证空调和柴油机或市电在同一线路上,一旦不在同一线路,轻则设备损坏,重则会造成火灾等其他安全事故。经过认真分析机房的市电供电系统、柴油机和空调系统线路,并经过试验验证,我们总结了动力系统的应急处理原则及步骤如下。

（1）根据机房环控系统停电报警的面板指示,迅速判断是 A 路或是 B 路停电。

（2）如果是 A 路主供电源停电报警,确认并开启机房 B 组空调(黄色标识)。

（3）如果是 B 路主供电源停电报警,确认并开启机房 A 组空调(红色标识)。

（4）若双路市电同时停电,则观察柴油发电机是否正常启动运行,若不能正常启动,则按"手动启动"按钮启动,然后确认并开启机房 A 组空调(红色标识)。

（5）机房值班人员到 UPS 机房查看 UPS 电源设备运行状况,并通知电管小组人员到现场。

（6）电管小组人员核实处理步骤,通知相关部门各自检查自己的系统。

类似地,各个业务系统分别制定了各自的应急预案,主要有《网络机房空调紧急处理预案》《校园网络故障预案》《网络安全事件应急预案》《数据中心设备应急预案》《光缆中断应急预案》《DNS 系统应急预案》《VPN 系统应急预案》《认证系统应急预案》等。

发生紧急情况时,值班人员可按相关预案,一步一步操作应对,力争将损失降至最低。

3．相关标识标牌突出醒目

应急处理的关键是快速和精准,为了快速定位和精准操作,核心机房的相关标识标牌必须清晰明了,突出醒目。

例如,为了便于识别和查找,所有的应急处置点机柜,均贴有红色"紧急处置点"标签,需要处理的网线全部也贴有红色"紧急处置点"标签。为了区分 A 路供电和 B 路供电,A 路用电设备用红色标签标识,B 路用电设备用黄色标签标识。而为了有序进行负载卸载从而保障核心系统正常运行,核心机房的机柜供电分为一级用电、二级用电和三级用电三个不同等级,其中一级为最高级,二级次之,三级最低,分别用红、黄、绿三种颜色标识。

核心机房动力系统标识标牌如图 10.2 所示。

校园卡系统、核心数据中心、二级数据中心和校园网核心交换机的应急处置的标识由机柜标签和网线标签两类组成。校园卡系统应急处置标识如图 10.3 所示,其他系统应急处置标签与之类似。

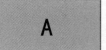

(a) A路市电设备　　(b) B路市电设备　　(c) 开关

(d) 用电保障等级标识

(e) 现场照片示例

图 10.2　核心机房动力系统标识牌

(a) 紧急处置点机柜标签　　　　(b) 紧急处置点网线标签

(c) 现场照片示例

图 10.3　校园卡应急处置标识图

通过不同颜色的标识标牌的设计，在日常管理中便于管理员实施分类管理，而在紧急时刻，则便于值班人员按照预案快速准确定位紧急处置点。

10.4　层层落实安全责任

海恩法则提示我们，对每一个程序都要划分相应的责任，可以找到相应的负责人，要让他们认识到安全的重要性，以及安全事故带来的巨大危害性。对网络信息系统和各种基础运维设施，每一级的管理都要划分安全责任，严格执行"失职追责"的原则，将安全责任制落实情况与年度考核挂钩，让各级管理人员充分意识到网络安全管理工作的重要性，以及所管辖系统、设施或区域安全事故所造成的危害性。

网络与信息化安全责任包含设备安全责任和系统安全责任，而设备包含了核心机房的核心路由器、核心交换机、服务器和存储等重要机器，也包括分布在校园各个楼栋的网络交换机设备和无线 AP 等。另外，学校运行的各种信息系统和网站，更是多达成百上千个，管理人员人数众多。为此，必须建立"分级负责，分类施策"的安全责任制体系，按"谁主管谁负责、谁使用谁负责"的原则，建立和完善安全责任制及联动工作机制。

网络与信息化主要执行机构员工的安全责任落实尤为重要，他们承担了学校绝大部分的网络与信息化工作，负责核心系统的建设、运行和维护。为了规范追责流程，强化岗位责任管理，我们编制了内部的岗位责任书，并制定《网络及信息化事故责任认定及追究管理办法》。

以核心机房管理为例，设置了机房安全责任人、机柜安全责任人和设备安全责任人的三级管理制度。机房安全责任人负责机房电力、空调和消防设施的安全管理和运维，确保机房的电力供应和温湿度保障；机柜安全责任人负责所管辖机柜内的设备运行环境安全，不能私自架设和移除设备；设备安全责任人负责保证设备的完好性和可用性。三级责任人的设置任务明确，边界清晰，便于管理。

对于分布在校园各个楼栋的网络设备间及其安装的网络设备，则通过制定网络设备间安全管理办法，将设备间的安全责任落实到人，采用的是每人承包若干个设备间的方式。分管领导负责不定期进行安全抽查，查找发现存在问题，并督促整改。相关责任人按《网络及信息化事故责任认定及追究管理办法》进行处理，并纳入年度考核和绩效分配。

10.5 明确风险隐患,精准施策

海恩法则提示我们,事故的发生和发展都有其规律性,谁把握了规律,谁就掌握了安全预防主动权。要善于把握安全预防工作的特点规律,深刻剖析和把握深层次的苗头和动向,在总体安全时洞察不安全的隐患,在基本稳定中预见不稳定的因素,在所取得的成绩里看到被掩盖的问题,有针对性地做好防范工作,力求把措施定在前面,把办法想在前面,把工作做在前面,把细微的、容易被忽略的问题和矛盾化解在未发,切实将苗头和隐患禁于未萌,彻底归零。

根据网络与信息化安全系统的可能性,列出每一个系统可能发生的安全事故,以及发生安全事故的先兆,培养对安全事故先兆的敏感性。同时利用自身的监控设备和工具,并结合其他各类应急响应机构的公告,及时发现各类安全威胁或事件发生的迹象和趋势,分析导致各类安全事件的根源,为应急响应工作提供支持。

以信息系统为例,随着信息化的发展,我们需要运维的信息系统越来越多,面对的安全威胁也越来越大。为此,只有梳理出各类信息系统的存在的风险点和相应的应对措施,才能精确防控。对于目前学校运行的各类信息系统,通过认真梳理,我们总结了一些通用风险点和防范措施,如表10.1所示。

表10.1 信息系统通用风险点和防范措施

风险点	产生原因	应对措施
页面篡改	(1)外部黑客通过网络攻击入侵; (2)内部人员通过合法账号操作; (3)存在的"单非"或"双非"网站	(1)所有网站入驻网站群,采用统一防护措施进行防御,采用防篡改技术应对可能的篡改,采用敏感词过滤等技术从发布源头消除隐患; (2)坚持信息系统上线代码审计、安全扫描及人工渗透三道关,保证系统不"带病"上线; (3)定期对信息系统及网站群进行安全扫描、检测,及时修补相关漏洞; (4)严格落实相关管理办法,网站管理账号及信息系统账号严格实名制,加强对各级管理员的网络安全知识宣传及培训; (5)对于"单非"或"双非"网站,一旦发现,第一时间下达整改通知书,通知相关单位限期整改

续表

风险点	产生原因	应对措施
漏洞被利用	(1) 信息系统众多，漏洞层出不穷； (2) 部分系统不在核心数据中心统一防护范围内	(1) 定期对信息系统进行常规安全扫描和检测，及时修补相关漏洞； (2) 购买专业安全公司的相关服务，进行资产梳理、漏洞检测和修复的技术指导，尽早发现我校系统的潜在问题； (3) 对于超算平台和物联网等不能放在核心数据中心的系统，对相关安全责任人进行网络安全法和网络安全等级保护制度的培训，建议尽早完成其系统的等保工作
数据泄露	(1) 外部黑客通过网络攻击入侵； (2) 内部人员通过合法账号操作； (3) 不规范的数据共享操作	(1) 坚持信息系统上线代码审计、安全扫描及人工渗透三道关，保证系统不"带病"上线； (2) 定期对信息系统进行安全扫描、检测，及时修补相关漏洞； (3) 对敏感数据采取加密手段进行保护，采用相关技术手段严格落实数据操作审计制度； (4) 坚持数据"最少够用"共享原则，严格采用数据交换与共享平台等规范技术手段进行数据共享
服务中断	(1) 硬件设备故障； (2) 基础平台故障； (3) 信息系统故障	(1) 加强信息系统服务、基础平台及信息系统运行监控，做到"第一时间发现、第一时间反应"； (2) 严格落实信息系统生产环境资源冗余，做到硬件资源、应用服务器、数据库服务等双机或多机热备； (3) 加强并严格落实信息系统及相关环境巡检制度，及时修复相关故障； (4) 针对重要系统制定应急响应方案，采用脱机运行等技术手段，保障关键应用在一定范围内不受系统故障影响； (5) 采用多种渠道及时通知用户，消除不稳定因素

10.6 定期检查,及早发现安全隐患

海恩法则提示我们,在每一个程序上实行定期的检查制度,可以及早发现事故的征兆。而且在任何程序中一旦发现安全事故的隐患,应及时报告,及时排除。现当事人即使不能排除,也应该向安全负责人及时报告,以便找出这些小事故的隐患及时排除,避免安全事故的发生。

健全风险防范化解机制的关键是坚持从源头上防范化解重大安全风险,真正把问题解决在萌芽之时、成灾之前,而严格执行和落实定期设备和系统的检查制度,是最行之有效的办法。

例如,在日常的管理中,核心机房每日定期巡检制度与机房动力环境监控系统相结合,则可以及时发现个别机柜的运行温度过高的问题。一旦值班人员在巡检中发现温度过高报警,按照预定处理流程,他首先调整空调系统的运行参数,并观察运行效果。若温度迅速降低则表示处置有效,可保障机柜内服务器安全运行;若温度下降不明显,则应该立即报告空调负责人和机柜负责人,由空调负责人排查空调系统,机柜负责人排查机柜内设备系统,找出温度过高的原因,及时解决,从而避免设备损坏。

按照设备和应用系统的类型和功能,巡检可分为日巡检、周巡检、月巡检和季度巡检。机房配电设施设备安全检查、消防和安防设备安全检查、核心网络设备安全检查、核心数据中心设备安全检查和应用系统安全检查等执行每日巡检;校园卡设备的安全检查每周执行一次巡检;网络设备间则每月安全巡检一次;每年雨季来临之前对核心机房周边环境的排水系统要进行检查清理和维护。

这些定期检查制度的制定和执行,直接体现了海恩法则在网络与信息化安全管理中的应用,目的就是为了及时发现小问题、处理小隐患,从而避免大事故。

10.7 加强演练,提高应急处置能力

网络与信息系统突发事件应急处置是一项操作性要求很强的工作,需要依赖于应急预案的操作性和应急工作执行人员的执行能力。而要实现发生突

发事件后,值班人员快速并采取有效的应对措施,则必须定期组织各类应急演练和培训。

网络与信息化部门每年至少开展一次全员安全教育,将安全事件的应急管理和工作流程等列为工作人员的培训内容,确保所有人员了解应急响应的策略和应急预案,并能够熟练执行应急预案,从而全面提高安全防范意识和应急操作的熟练程度,进而提高应急响应的效率。

各具体执行部门每年至少安排一次常规应急演练。例如,市电停电应急演练、UPS故障应急演练、校园网光纤故障应急演练、网站黑客入侵应急演练和数据泄露应急演练等。

为了加强应急演练效果,使演练达到应急实战水平,考核每个员工是否真正了解和掌握了应急处置步骤,以及应急实际操作的物理位置。我们采取随机角色扮演和实地考核机制,并现场将应急处理的考核结果纳入年度考核。

以网站黑客入侵二级数据中心的应急演练为例,演习开始前,随机指定一人为当日值班人员。演习宣布开始后,按照应急预案,值班人员一旦发现黑客入侵成功,必须第一时间阻断入侵,然后再上报分管领导。应急处理流程是迅速从值班位置进入核心机房的二级数据中心应急处置点,进行应急处置。考核应急处理的关键点有两个,第一是应急处置点的位置要记牢,虽然机柜和机柜内部的处置点有红色紧急处置标志,但是处置点的机柜编号一定要牢记,否则在规定的时间内找不到机柜,即时间超时,则本次应急处置失败,考核不合格;第二是应急处置的方法和步骤要正确,找到紧急处置点后,必须准确切断网络,不能拔错网线,既不能多拔也不能少拔,一旦拔错,则同样应急处置失败,考核不合格。

对于供电系统双路市电停电30分钟的应急演练,为了贴近实战,必须主动切断市电来模拟真正停电的场景;但是,同时也必须要保证机房内所有网络与信息化系统正常运行,不能因为应急演练而损坏。为此,在应急演练前必须保证机房内储冷量充足,机房温度必须提前降低到20 ℃以下,柴油机的油料必须能供满载运行30分钟以上。

基于实际场景的应急演练,必须提前做好充足准备才能实施,否则不仅演练失败,还可能导致其他安全事故。

10.8 加强安全教育，强化责任担当

海恩法则提示我们，安全事故的发生看似偶然且不可预测，实则是各种因素积累到一定程度的必然结果。如果我们消除或避免其中任何一个不安全因素的存在，及时中断事故连锁的进程，即可避免事故的发生。在不安全因素中，最大的不安全行为是人的思想麻痹、安全意识淡薄、安全法律责任观念不强。一定要认真贯彻"预防为主"方针，牢固树立"安全第一"思想，始终强化"上医治未病"的忧患意识，时刻保持头脑清醒，以如履薄冰、如临深渊的精神状态，围绕网络安全这个主题，居安思危、忧而有备。在网络与信息化应急管理工作中，应当消除安全事故不可预测避免的消极思想，坚定可防可控的信念，以高度的责任感和积极主动的工作态度，把网络与信息化应急管理工作抓实。

首先，需要加强全体网络与信息化员工的安全思想教育，围绕构建"安全网络"这个主题，不断增强业务学习，以适应形势需要。每年对全校网络信息化工作相关人员开展一次网络与安全培训，分析网络安全形势，增强网络安全和信息化意识，介绍网络安全和信息化政策及执行情况。

其次，提高工作能力，依靠科学管理。增强大家的业务知识和技能素养，激励大家自学创新，形成良好的安全氛围，不断提高安全责任感。如在"119"消防宣传、网络安全宣传周、平安生产月等活动中通过展板、视频播放、知识讲座、应急演练等多种形式进行各种安全知识的宣传、教育、演练，增强全员的安全意识。同时，抓好重点岗位，如网络安全管理员、核心业务系统管理员的安全知识培训，要求他们定期参加专题培训学习，取得各种安全管理资格证书，做到持证上岗。

最后，还应加强同网安和消防部门，以及其他高校等之间的交流学习，通过"请进来，走出去"的方式，将安全管理专家请来做讲座，组织人员外出学习，从而不断增强人员的安全业务素质和对安全工作的组织、管理和应急处置能力。

10.9 结　　语

网络与信息化应急管理工作是一项复杂的系统工程，任重而道远。安全管理需要积极抓，而不是消极保，安全隐患只能主动灭，不会自然消失，这都需

要提升网络信息化隐患排查、消除和整改工作的科学性、系统性、有效性。通过构建完善的长效机制,广大网络与信息化职工积极参与,树立科学的网络安全意识和理念,养成良好的行为准则,时刻铭记海恩法则,网络信息化安全事故就能可防可控。

参考文献

［1］张海龙.应急管理关键问题研究［D］.长春:吉林大学,2010:10.
［2］朱莉.现代应急管理［M］.北京:科学出版社,2011.

11

用户服务管理

11 用户服务管理

用户服务是学校信息化面向师生的"最后一公里",用户对服务的体验和满意度直接影响着信息化建设的成败。因此,我们必须重视用户服务,树立"以用户为中心"的服务理念,全面提升用户体验,提高服务水平。

11.1 "以用户为中心"的服务理念

"以用户为中心"的理念最早来自营销界。美国营销大师菲利普·科特勒(Philip Kotler)认为营销活动中的生产观念、产品观念、推销观念、营销观念和社会营销观念这五种观念中,后两种是以用户为核心,用户的满意度决定着营销的成败。在IT领域,以用户为中心理念首先应用在IT产品及用户界面开发中,其核心是贯穿于产品生命周期各阶段的以用户为中心的设计方法(User-Centered Design,UCD)[1]。信息化服务的对象就是用户,好像"以用户为中心"是天然的,但实际情况是,在高校信息化部门内部往往根据业务分别设置了内设机构,内设机构间分工界限明确,服务就是以"部门"或"业务"为中心。例如,服务校园网、信息系统、数据管理、校园卡分别是由不同的部门和不同的人负责管理,同一个用户遇到不同的问题需要找不同的部门解决,让用户感到很麻烦。

大部分高校在信息化建设过程中还是十分重视用户的意见,进行了大量用户需求调研,在网络建设、信息系统开发等方面考虑了用户的需求,对产品进行了优化,但往往都是碎片式的,用户整体感受欠佳。应该要改变传统的"以部门为中心"或"以产品为中心"理念,将"以用户为中心"理念贯穿于整个信息化建设过程中,倾听并整合用户的需求,贯通信息化部门内部流程,从用户角度构建服务运维体系,统一用户的服务入口。从服务能力、服务渠道、服务管控和服务流程四个方面着手,优化管理方式,应用高新技术,增强处理能力,构建合理机制,拓展管理能力[2]。

具体来说,贯彻"以用户为中心"理念,应该做好以下三个方面的工作。

第一,建立科学的服务运维管理体系,规范运维流程,提高运维质量。当前主要是通过建设基于ITIL(Information Technology Infrastructure Library,信息技术基础设施库)的运维管理系统实现。

第二,整合服务内容,为用户提供统一的服务模式,统筹建立呼叫中心和线下窗口服务,并且整合学校其他信息反馈渠道。

第三,建立服务品牌,加大宣传,树立优质服务的形象。

11.2 基于 ITIL 的 IT 服务管理系统

ITIL 最初是由英国政府部门为了提高政府部门的工作效率而制定的,它为企业的服务管理提供了一套基于流程的客观、严谨、可量化的标准和规范。2007 年 5 月 ITIL 推出了 v3 版本。ITILv3 体系架构分为服务战略、服务设计、服务转换、服务运营、持续服务这五个阶段,包含服务台、技术管理、运维管理和应用管理四个职能模块[3]。ITIL 已成为高校 IT 服务管理追求的标准,对高校 IT 服务管理具有重要的指导意义。

华中科技大学借鉴 ITIL 的规范和思想,建设了网络与信息服务及运维管理系统(以下简称运维系统),从而提升学校的 IT 运维服务管理效率,实现故障的申报处理管控标准化和流程化,系统的建设内容主要包括规范服务流程、建设运维平台和加强服务保障。

1. 规范服务流程

为保障运行维护工作的质量和效率,制定相对完善、切实可行的运行维护管理制度和规范,确定各项运维活动的标准流程和相关岗位设置等,使服务台、运维人员在制度和流程的约束下协同操作。借鉴 ITIL 的理念,通过梳理、优化与再造网络与信息系统的事件(这里的"事件"是指用户通过各种渠道反馈的各种问题或者故障)处理流程:所有事件通过电话、微信等多种渠道反馈到网络与计算中心呼叫中心服务台→服务台根据事件类型生成并指派工单到对应的部门或者处理人→运维人员处理结果返回到服务台→服务台通过用户回访核查用户对事件处理满意度从而关闭工单。该流程形成了一整套事件处理流程的完整闭环,将各个环节进行有效衔接,有效地加强了内部管理,提升了运维效率,提高了用户满意度。

2. 建设运维平台

建立统一、集成、开放并可扩展的运维管理平台(见图 11.1),即网络与信息服务及运维管理系统,该系统通过与统一身份认证、华中大微校园、呼叫中心、SAM 系统的集成,实现用户微信、语音留言、电话等多渠道故障申报集中统一管理,从而实现对各类运维故障的全面采集、及时处理与合理分析,实现运行维护工作的智能化和高效率。

3. 加强服务保障

高质量的服务离不开高素质的服务人员,因此必须不断提高服务队伍的专业化水平,才能有效利用技术手段和工具,做好网络与信息服务及运维工作。

11　用户服务管理

图 11.1　实现多渠道保障信息全面采集

网络与信息运维管理系统通过对所有人员事件工单的处理情况和相关统计数据的全面分析，自动生成运维事件管理报表（见图 11.2），相关负责人通过报表

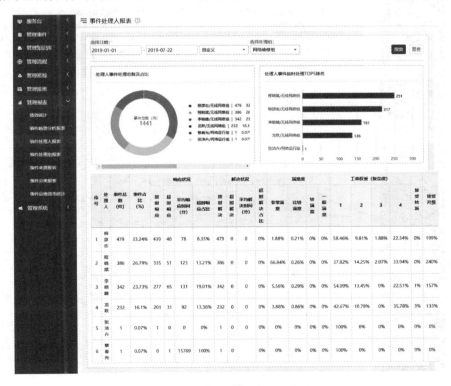

图 11.2　运维事件管理报表

· 181 ·

数据能够及时加强对全体运维人员的考核管理。根据事件分类报表(见图 11.3)定期收集、分析近段时间出现问题较多的事件分类,帮助做好下一步工作,为信息化运维工作乃至下阶段建设工作提供科学参考。同时为了便于及时监控全校运维工作状况,能够做到对于紧急突发重大事件的及时响应与处理,建设了全校网络与信息化运维监控大屏(见图 11.4 和图 11.5)展示,大屏能够清晰地展示当前全校运维事件处理状态和近段时间的运维事件统计分布。

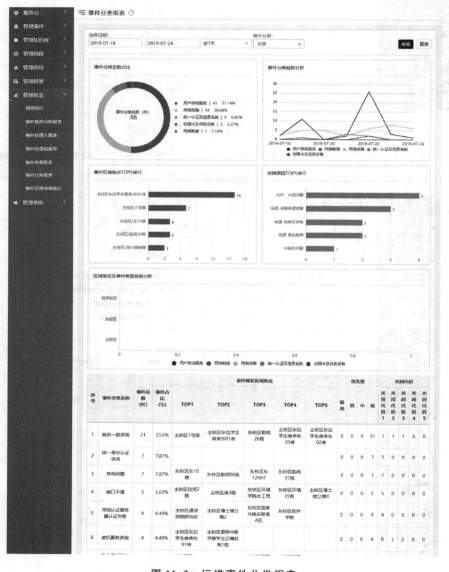

图 11.3　运维事件分类报表

11　用户服务管理

图 11.4　运维监控大屏（1）

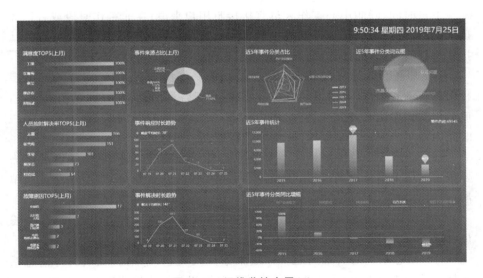

图 11.5　运维监控大屏（2）

11.3　呼叫中心建设

　　进行故障申报或咨询时，打电话仍是师生的第一选择。为改变一个业务一个服务电话的情况，建立呼叫中心，使用统一的服务电话号码接受用户的故障申报和咨询,是非常必要的。呼叫中心在运营商及大型服务型企业中应用较为普遍,但是在高校信息化部门中,由于人员不足等问题,统一的呼叫中心并不普遍。呼叫中心并不是独立存在的,而是与IT运维系统紧密结合,通过"用户呼叫—服务响应及处理—用户回访"形成闭环,从而提升用户的服务体验。

华中科技大学网络与计算中心自2012年设立了呼叫中心,统一了对外服务电话号码,负责受理全校师生关于网络与信息化的问题咨询和故障报修,且全年365天的上班时间,不间断有人值守。呼叫中心设置了4个座席,最多可有4名工作人员同时接听电话。

呼叫中心的入口是服务台,其实就是事件的一部分,理论上所有的事件都必须以服务台为入口。下面从典型工作流程、知识库、监控系统和数据分析几个方面介绍一下呼叫中心及运维平台的运行过程。

1. 典型工作流程

上班时间,呼叫中心工作人员直接接听用户来电;在非工作时段或者话务员全忙时,用户可以留言咨询或报修;另外,微信、Web等渠道报障不限时间。接到事件后,进入处理流程,典型的工作流程如下。

(1) 服务台人员直接处理。接听电话的一线服务台人员,对于用户的多种渠道咨询和报修,及时给予解答或处理:对于咨询问题,及时利用知识储备,或调用知识库信息,第一时间给用户解答;对于网络故障问题,则争取在第一时间内帮用户判断故障原因,并指导进行排查。

(2) 维修员及时维修处理。服务台人员无法确定故障原因,或者故障需要技术人员上门处理的事件,比如端口损坏,则可以派单报修,由维修员接单后,及时处理。

(3) 维修员疑难问题。如果故障超出了维修员的处置能力或权限,维修员可以将事件升级,由上一级管理人员协助处理。

(4) 信息系统的疑难问题。一线服务台人员,对于用户反馈的与信息系统相关的疑难问题,也可以将事件直接派单给相关系统的管理人员处理。

(5) 用户跟踪。派单的事件,对应的报障用户,可以收到关于事件处理进程的提醒(维修员已经接单、故障处理结束等提醒)。事件结束后,用户还可以在微信上进行评价。

(6) 服务台事件回访。对于办结的事件单,一线的服务台人员也可以根据需要直接电话回访用户,及时了解问题处理的情况。

2. 知识库

随着技术不断发展,业务不断扩展,以及故障类型不断增多,呼叫人员仅靠个人知识无法应付所有问题,因此,必须建立知识库,供呼叫中心人员查询使用,提高知识复用率。服务台人员(含呼叫中心人员以及窗口服务人员)在收到用户请求时,可以查阅知识库,找寻解决故障的方法,尝试解决;也可以根据事件记录,判断是否更新知识库。若需要更新知识库,则提交给知识管理相关管理岗,请求更新。每个应用系统的管理人员也可以主动组织生成新的知识库。每一条知识库的使用范围,可以设置为全局或组。使用范围为组的知识库,是中心内部人员共享的信息;经审核发布的全局性知识库,校园网的师生均可参考,从而增加师生们自行了解相关信息的途径,增强用户自我排查问题的能力,提高一般性问题解决的时效性。

3. 监控系统

为辅助呼叫中心工作,在呼叫中心大厅内建设了监控系统,如图 11.6 所示,在监控大屏上可以监视办公区有线交换机、校园网核心交换机、汇聚交换机、宿舍的接入交换机、宿舍无线网的 POE 交换机,甚至学生宿舍每个房间内的无线 AP 设备(见图 11.7)。

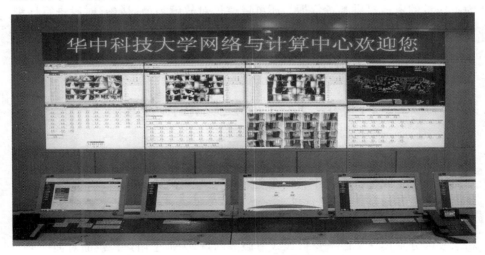

图 11.6 呼叫中心的监控大屏

在监控到楼栋故障的第一时间,及时通过服务台录入到运维系统中,以便于维修人员快速接单处理,与管理人员的监控报警形成有效互补,及时将问题解决在萌芽阶段或初期阶段,使用户在无感知的情况下,或者在报修初期,就

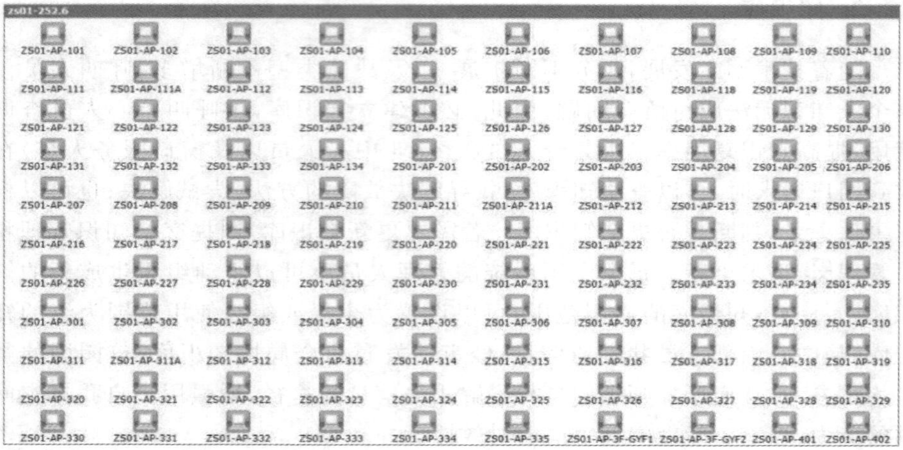

图 11.7　无线 AP 状态监控

及时排除问题，提高用户的用网体验。

4. 数据分析

通过有效利用呼叫运维系统的统计分析，可以提供运维管理所需信息，也为工作量的考核提供参考依据。还可以通过对故障类型、楼栋、时段进行详细的分析，并加以总结和利用。比如短期内发现某一类故障的报修量异常增多，可以提醒相关技术人员自我排查，避免造成大面积故障或集中故障。

11.4　服务流程规范化管理

呼叫中心的统一服务电话方便了很多用户，使用户足不出户，就可以了解到需要的信息或进行故障申报。但是仍有一些年龄大的用户、语言交流有一些困难的国外留学生、对计算机或互联网使用不熟悉的人员，或遇到其他特殊情况的人员，需要人工帮助。为方便师生，在主校区师生服务中心、同济校区和东校区分别设立了服务窗口或线下服务网点，为师生用户提供面对面服务。

1. 常规业务受理

各网点可以接受用户的校园网账号的零星用户的开户、账号密码重置、账号充值等问题，以及账号的特殊情况处理；用户邮箱密码的重置；统一身份认证系统的手机号码绑定等常规问题处理。对于不熟悉计算机或互联网的用户,也会在手机上帮助用户进行微校园的绑定;接受用户提交的一些事项的线下申请表;就各种网络使用问题进行现场咨询;甚至一些疑难网络故障进行现场帮助指导和排查,等等。

2. 技术支持服务

用户在使用校园网、各类信息系统时,有时候会遇到各种问题。有时带着手机或笔记本电脑到窗口寻求帮助,窗口工作人员均能耐心地帮用户检查用户的环境、排除问题。倘若不能在第一时间解决,还可以直接请维修人员或信息系统管理人员帮助查看并解决。

3. 促进流程优化

在实际工作中,线下服务网点和呼叫中心的统一服务电话,都有可能会同时遇到一些量大的同类问题,或者流程不顺的问题,工作人员就会及时沟通,反馈给有关技术人员,以便进一步优化处理流程。

以新入职教工的校园网账号申请为例。在过去,人事系统尚未与校园网SAM 系统数据共享,新入职教工要等拿到工作证后,带工作证到窗口才能办理校园网账号开户手续,还需要本人现场在公共电脑上填写表单并补充手机号码等信息,新进教职工感到开户程序比较烦琐。服务台人员综合教职工意见后,提出了优化开户流程的意见,最终实现了全自动网上开户服务:新教工入职后→人事信息系统添加数据→同步到学校基础数据库→认证系统自动同步开户,新进教职工无须到现场申请,自动获得校园网账号,给用户提供了切实的方便。

11.5 信息收集渠道与处置

收集用户的意见不能仅靠信息化部门自身提供的渠道,还要考虑师生从学校其他渠道反馈的问题,并及时进行解决。例如,用户除了通过来电咨询、微信留言以及现场办理外,还会在学校的网络信息反馈平台、白云黄鹤 BBS 论坛等渠道反映问题,工作人员均会及时查看每个平台上的用户反馈信息,努力沟通和解决问题,认真聆听用户的声音。例如,在 2018 年 5 月份,有用户在校"网络信息反馈平台"上反馈:这两天晚上网络有波动。而网络中心的技术老师,也检测到晚上出口带宽饱和,经判查是与当时举行的某个网络游戏的比赛有关。通过及时调整流控策略,减少了整个校园网的出口压力。而负责处理问题反馈的老师,也将相关原因及技术处理情况及时和用户进行了沟通,缓解了用户的疑惑和焦虑的心情。

11.6 服务宣传

除了被动进行服务之外,还应主动宣传,树立良好的服务品牌和统一的形象。

1. 建立统一标识

统一的标识有助于系统的规范建设,在师生中树立良好的形象。华中科技大学专门设计了智慧校园——"智慧华中大"的标识,如图 11.8 所示,智慧校园的信息门户、网上办事大厅、电子邮件系统、网站群平台等信息系统以及各自助设备等均使用统一的徽标。此外,为统一身份认证系统建立了统一的标识,如图 11.9 所示,凡是接入统一身份认证系统的系统均张贴统一的标识,并可验证,便于用户统一认知,避免被假冒网站利用,被非法收集统一身份认证功能账号和密码。

图 11.8 智慧华中大的标识

图 11.9 统一身份认证系统的标识

2. 印制用户手册

对于中心提供的各项服务内容、使用方法、用户入校可以使用的各类校园网资源等,将其整理制作成用户手册,并根据业务内容的变动,定期更新,随时供用户取阅。

3. 制作宣传视频

中心制作有《新进教职工使用网络和信息系统指南》和《新生入校使用网络和信息系统指南》的宣传视频（见图11.10），生动形象地展示介绍了中心提供的"统一身份认证系统""华中大微校园""网上办事大厅""正版软件系统""校园无线网""电子邮箱"等各类应用系统及其使用方法。上述视频放在网站上可供师生查看，中心服务大厅的电视屏幕上也对其进行循环播放，观看者可以更加直观地了解到相关应用的信息。

图11.10　学生版宣传视频界面

4. 网站发布帮助

在网络与计算中心网站和"华中大微校园"中还设计有帮助页面，介绍关于各类应用账号的申请方法、相关应用系统使用方法以及常见问题等。除此之外，数字迎新平台的新生导读栏目也详尽介绍了新生入校后校园网的开通说明，校园卡、学校邮箱等各种应用系统使用指南，帮助新生尽快熟悉校园网络与信息化有关服务。

11.7 结　　语

优质的用户服务可以拉近信息化部门与师生之间的距离,将很多矛盾化解于无形之中。相反,如果用户服务做得不好,引起师生的反感甚至愤怒,可能会让我们的诸多辛苦付诸东流。用户服务是信息化部门负责人的首要任务,要把为师生提供满意的信息化服务作为奋斗目标,贯彻好"优质服务求生存、服务创新谋发展"的理念,让服务的好坏成为评价一个部门、一个系统、一个技术或者管理人员的重要依据之一。

参考文献

[1] 周永红.试析以用户为中心的信息服务[J].情报探索,2009(10):3.

[2] 彭睿,黄锋涛,赖洁怡.基于以"用户为中心"理念下的IT服务管控机制的研究与应用[J].通讯世界,2018(9):256-257.

[3] 冯波.基于ITIL的高校IT服务管理模型研究[D].西安:西北大学,2014.

后 记

数十位同仁,历经两年的努力,"高校信息化建设与管理丛书"即将付梓,我们不禁感慨万千。"高校信息化建设与管理丛书"凝聚着华中科技大学信息化同仁们的汗水,这是我们对几年来信息化工作的感悟与总结,同时我们也想通过本丛书建立一个与其他高校同仁讨论交流信息化工作的平台。

但信息技术发展太快,很多在当时看起来还算新的技术、理念或模式,可能过几年就落后了,甚至国际形势的快速变化都会对高校信息化产生重大影响,我们必须学会以更快的速度去学习和应对。因此,在本丛书即将出版之际,既有喜悦,但更多的是忐忑和压力。《未来简史》的作者尤瓦尔·赫拉利认为:"拥有大数据积累的外部环境将比我们自己更了解自己。"我们对我们自己及我们工作的认识必然存在很大的局限性,我们的任何工作都无法做到尽善尽美,因而本丛书可能会存在这样或那样的不足。

高校信息化同仁们平时面临着太大的压力,一方面要面对领导和师生们对信息化的高要求和高期盼,另一方面还要承受资金和人员的捉襟见肘之痛。面对困难,我们除了加倍努力工作,还应该通过不断总结、反思和相互交流,不断改进工作方法,提升工作效率。但高校信息化同仁们过于忙碌,很难有时间静下心来进行总结,因而有关高校信息化建设与管理方面的系统性书籍并不多。我们撰写这套丛书,希望做一块可以引出美玉的"砖头",为同仁们提供碰撞火花的引子甚或靶子,恳请各位同仁不吝批评指正。

感谢清华大学吴建平院士对本书的悉心指导并为本书撰写序言。感谢华中科技大学副校长梁茜对本书编撰工作的悉心指导。感谢华中科技大学出版社对本书的大力支持。

本丛书制度篇编入了华中科技大学原信息化管理办公室时期制定的一些规章制度,在此向原信息化管理办公室主任熊蕊教授、副主任李昕博士以及蔡仕衡老师等表示感谢!

编者
2021 年 2 月